Forastero junto
al
Río

Libros de ECKANKAR

El arte espiritual de soñar
Autobiography of a Modern Prophet
A Cosmic Sea of Words: The ECKANKAR Lexicon
Earth to God, Come In Please . . . , Books 1 and 2
Los Ejercicios Espirituales de ECK
The Living Word, Books 1 and 2
A Modern Prophet Answers Your Key Questions about Life
The Spiritual Laws of Life

Otros libros de ECKANKAR
ECKANKAR—la clave de los mundos secretos
El colmillo del tigre
El cuaderno espiritual
The Shariyat-Ki-Sugmad, Books One and Two

Edición autorizada de ECKANKAR.

Forastero junto al Río

PAUL TWITCHELL

ECKANKAR
Minneapolis

Forastero junto al río

Impreso en E.U.A.

Ilustraciones: Signy Cohen

Segunda impresión—2006

Un agradecimiento especial a los voluntarios, para quienes esta traducción fue un regalo de amor.

Library of Congress Cataloging-in-Publication Data

Twitchell, Paul. 1908–1971.
   [Stranger by the river. Spanish]
   Forastero junto al río / Paul Twitchell.
     p. cm.
   ISBN 1-57043-225-2 (pbk. : alk. paper)
   1. Eckankar (Organization) 2. Rebazar Tarzs. 3. Twitchell, Paul, 1908–1971. I. Rebazar Tarzs. II. Title.

BP605.E3.T892818 2005

299'.93—dc22   2005013396

Dedicado
a GAIL
por su amor y
paciencia

Índice

Prólogo

Las enseñanzas de ECK definen la naturaleza del Alma. Tú eres Alma. Eres como una estrella de Dios que fue enviada a este mundo para obtener experiencia espiritual. Que te purificarán.

El karma y la reencarnación son, por lo tanto, creencias centrales en ECK. Tu meta en esta vida debe ser la libertad espiritual, después de lo cual te conviertes en un Colaborador de Dios, tanto aquí como en el siguiente mundo.

El Mahanta, el Maestro Viviente de ECK es clave en las enseñanzas de ECK. Él actúa como Maestro Exterior e Interior para los estudiantes de ECK. Él es el profeta de Eckankar y se le brinda respeto mas no se le rinde veneración. Él enseña el nombre sagrado de Dios, HU. Cuando se canta unos cuantos minutos cada día, HU puede elevarte espiritualmente hacia la Luz y el Sonido de Dios —hacia el ECK (Espíritu Santo). Este sencillo ejercicio espiritual y otros te purificarán. Entonces serás capaz de aceptar el amor pleno de Dios en esta misma vida.

Actualmente, Sri Harold Klemp es el Mahanta, el Maestro Viviente de ECK. Él ha escrito un gran número de libros, discursos y artículos, acerca de todos los pormenores de la vida espiritual. Sus enseñanzas enaltecen a las personas y las ayudan a reconocer y comprender sus propias experiencias con la Luz y el Sonido de Dios. Muchas de sus pláticas están disponibles es audio y videocasets.

Forastero junto al río es una obra clásica de la literatura espiritual escrita por Paul Twitchell, el fundador de Eckankar en los tiempos modernos. **Tal vez desees conservar este libro junto a tu cama y leer un capítulo cada noche.*** El hermoso ritmo de *Forastero junto al río* te elevará hacia una mayor comprensión de Dios.

Para mayor información sobre Eckankar, por favor ve a la página 203.

***Un ejercicio espiritual que puedes practicar:** A medida que te vas quedando dormido, contempla sobre alguna imagen del capítulo que leíste. Es posible que tengas un sueño que te revele un importante mensaje que te ayudará a mejorar tu vida. Recuerda, tus sueños son una puerta de entrada al cielo.

El río

hí estaba el río.

Ahí estaba siempre el río. Sin importar cuántas estaciones se hubieran arqueado sobre el borde del tiempo, el río estaba ahí, fluyendo aún hacia adelante, callada y tranquilamente, hacia el mar.

Bajaba desde los poderosos Himalayas, donde la tierra estaba llena del polvo de quienes caminaron ese suelo.

El agua era como el río de Dios. Fluía siempre hacia adelante, siempre un símbolo, siempre avanzando para unirse con las aguas de otros ríos y acudir al encuentro con las aguas del océano resplandeciente.

El buscador había llegado a la orilla de este gran río y se había detenido ahí, para quedarse. Ya no iba más a la deriva, arrastrado por la marea de la humanidad, que se movía por el mundo como los troncos a merced de la tormenta sobre la superficie de un río.

El buscador miró el río nuevamente. Ésta era una tierra hermosa, bañada por ríos y arroyos. A este río se le une el agua clara de otro cauce, antes de llegar al muelle de Srinagar. Separándolos, a lo largo de una distancia considerable, está la isla que oculta una parte de la otra orilla.

1

El buscador se sentó junto a la orilla del río bajo los sauces llorones, viendo pasar los lentos remolinos en el agua, mientras se preguntaba qué sería de su vida. Había vuelto a casa, como el hijo pródigo, pero su padre no estaba ahí para recibirlo. El dolor lo invadió.

Entonces levantó la mirada y vio cerca de él la majestuosa figura vestida con una túnica corta de color marrón. Había una sonrisa en sus labios y una gran compasión en esos ojos negros como el carbón. El rostro moreno estaba semioculto por una barba corta y negra.

El corazón del buscador saltó de alegría.

Su búsqueda había terminado. Rebazar Tarzs, el Sat Gurú, estaba ahí para darle la bienvenida a casa.

El buscador

Él era el buscador.

Él era como cualquier otro ser humano, y bien podrías haber sido tú.

Exteriormente, su vida no era muy distinta de la de los demás: trabajaba, se esforzaba y se afanaba; sin embargo, su lucha por encontrar vida era más profunda y aguda, el dolor era más grande, el sufrimiento insoportable y su sensibilidad más intensa.

Nada lograba elevarlo espiritualmente, y la responsabilidad o el éxito que otros tuvieran a él no lo tocaban. Él era el paria, el solitario y el descorazonado, pues el amor le había pasado de lado como si en su vida no hubiera nada donde el amor pudiera asirse.

Sin embargo, él seguía siendo siempre el buscador; el buscador de algo que continuamente quedaba más allá de su alcance. Buscó ávidamente ese algo místico en el corazón de una rosa, en el rostro de un niño o en la ternura de una mujer. Pero no había podido encontrar el amor en cuya búsqueda había pasado su vida.

Su búsqueda lo había llevado por todo el mundo y lo había traído de regreso al río, en cuya orilla se había sentado, preguntándose si alguna vez encontraría la respuesta, hasta ese día en que llegó el tibetano de la túnica marrón y se sentó a su lado.

Entonces, él vio la luz que venía de más allá, y que aumentaba formando un círculo cada vez más grande, cada vez más amplio. Y vio a la mujer, aquella mujer esbelta de miembros largos y ojos oscuros, que estaba al borde de la luz.

Él supo que, fuera lo que fuera, en lo profundo de su ser había mundos invisibles, y que todo lo que él buscaba era el amor; que la forma era tan sólo el instrumento a través del cual el amor busca su camino en el mundo.

Rebazar Tarzs se frotó su ancha barbilla y dijo: "Tú eres el buscador, pero también hay otros, incontables millones, que caminan delante de ti, detrás de ti o junto a ti. La respuesta es Dios, y Dios está en nuestro interior, como dijo Jesús ese día en la montaña: '¡El Reino de Dios está dentro de vosotros!' "

El buscador miró las aguas lodosas y lentas del río que fluían a través del corazón de aquella tierra, y se quedó pensativo.

Todo el mundo se transformó en luz, y un extraño sonido zumbante entró en su corazón, dándole paz. Toda la sabiduría, la comprensión, el amor y el conocimiento le fueron revelados en el apacible murmullo del agua, que fluía incesantemente hacia el mar.

"Ah, el río", le dijo suavemente al tibetano. "¡Es como la vida! Te lo ruego, Maestro, ¡dame la sabiduría y la gloria de Dios!"

El tibetano abrió la boca y empezó a hablar.

La Luz de Dios

iéntate como yo, sobre tus piernas cruzadas, y mira con delicadeza y dulzura el Ojo Espiritual, que está entre las cejas."

Entonces, el buscador contempló el espacio entre las cejas, cada vez con mayor atención. Todo estaba oscuro. De pronto llegó la Luz, un haz cegador de Luz blanca.

La Luz provenía de su interior, de un sol inmenso que lanzaba sus rayos brillantes y resplandecientes hasta formar un círculo en torno a él. Su brillo era mayor que el de diez mil soles.

La Luz se hizo cada vez más intensa, hasta que contemplarla llegó a lastimar su Ojo Espiritual. El buscador tuvo conciencia de que estaba torciendo los ojos, como si éstos estuvieran mirando hacia el centro de la Luz.

Entonces, se percató de que la Luz provenía de sí mismo. Fluía desde un centro dentro de él, y se expandía en un círculo cada vez más amplio hasta llenar todo el universo. La Luz se convirtió en un faro ardiente, hasta que todo el cuerpo del buscador empezó a pulsar con el ritmo de Sus encrespadas ondas, como el golpeteo del oleaje sobre una playa arenosa.

El estruendo en sus oídos se hizo más intenso, hasta

que apenas si pudo soportar el Sonido y, entonces, en su visión interior apareció el Maestro, vestido con su túnica marrón, que caminaba hacia él. El buscador reconoció la forma radiante del Gurú.

La visión comenzó a hablar. "Yo soy la Luz. La Luz que brilla dentro de ti. La Luz que llena el mundo. De mí surgen todas las cosas, todos los seres y todos los universos.

"Yo soy ese Sonido. Esa Palabra que está dentro de ti. Ese Sonido llena todos los mundos y sustenta todos los universos.

"No hay tiempo ni espacio dentro de mi cuerpo cósmico. Soy el Dios viviente: el conocimiento que buscas, la sabiduría y la comprensión y el amor.

"Soy eterno, porque nunca hubo un tiempo en el que yo no existiera, ni jamás hubo nada en todo el espacio que yo no haya sido y de lo que ahora no sea parte.

"Los universos infinitos son mi cuerpo, los éteres mi sangre, los mundos mis huesos y los soles mi corazón. Cuando saliste de mí, como un niño sale del vientre, llegaste para expresar amor, como lo hicieron mis mensajeros Jesús, Yaubl Sacabi, Krishna, Rama, Milarepa y Buda, porque el amor es mi vida. Sin amor, ni tú ni yo podemos existir. Sin amor no habría absolutamente nada. ¿Puedes imaginar el vacío absoluto que sería todo el espacio sin vida?

"Mi amor sostiene a los universos y a los mundos. Te trae las estaciones para las cosechas. Mi amor une a todas las cosas; los minerales y la tierra son uno, como lo son las flores y la hierba, la abeja y la miel. Uno no puede vivir sin el otro. Yo estoy en todas las cosas y todas las cosas están en mí.

"El hombre está unido a la mujer a través de mis lazos de amor, así como el hijo a la madre; y el círculo es completo, porque todas las cosas están unidas por el amor. Pero te digo de nuevo que toda la vida está unida a mí a través del amor, porque es solamente gracias a mi amor que la vida existe en este planeta y en todos los mundos, los universos y el espacio.

"El amor es todo. No hay nada más. Yo soy el amor y el amor soy yo mismo. El amor es vida y la vida es amor. Ámame y vive, pero si odias morirás, puesto que no hay muerte mayor que aquella provocada por el odio.

"Debes desearme, amarme más que a cualquier otra cosa; ámame aun por encima de tu propia Alma.

"El amor es lo único que puedo darte, y es todo lo que tengo para darte. De mi cuerpo brota toda la vida, porque yo amo a toda la vida. Amarme es ser libre, porque aquel que me ama me verá, y a él se le dará toda la sabiduría que es mía.

"Yo soy aquel a quien conoces como el Señor. Yo soy la Luz del Alma, la Música de las esferas. ¡Yo Soy el que Soy, y la Luz de los mundos! ¡Yo soy Dios, el amor viviente de la eternidad!"

El buscador abrió los ojos y miró a su alrededor, hacia las hermosas aguas que pasaban tranquilas junto a los verdes sauces. Su mirada se posó en el rostro del tibetano.

Rebazar Tarzs preguntó: "¿Qué viste?"

"Te vi a ti", respondió el buscador.

El tibetano asintió con una sonrisa.

El llamado del Alma

os sauces hundían en las aguas sus manos de hojas verdes. Las telarañas eran húmedos parches blancos, como tiendas de campaña entre las ramas largas y delgadas; y el río, siempre el río, seguía fluyendo a sus pies.

El buscador se le quedó mirando mientras pensaba que éste era el gran río, con su vida y sus sonidos de silbatos y ruedas de paletas enfangadas, que expresaban un estado emocional dentro de él. Rebazar Tarzs hundió su dedo moreno en las aguas lodosas, y luego miró al buscador.

Entonces dijo: "¿Puedes pensar que la vida no sea más que lo que es en este momento, cuando la forma del amor y la alegría irrumpe en tu mundo y lo encuentra vacío?

"He estado contigo a través de los siglos. Ha habido momentos en los que has sentido tan vacía la vida. Te has despertado en lo más profundo de la noche, para encontrar la lluvia cantando suavemente por los canalones del techo y el viento murmurando entre los árboles, pero tu mente estaba con Dios, con un Dios solitario.

"Siempre supiste que en algún lugar de este mundo estaba el Sat Gurú para ti. Quizás sería un limosnero, un monje, un hombre rico o un moribundo, o bien una mujer cuyas palabras se apoderarían de ti con un amor tal que te haría renunciar a todo, para seguir el llamado atravesando fuego o murallas de piedra, por sobre montañas, planicies o mares, para llegar hasta mí, el Maestro.

"¿Fueron tus pensamientos o tu imaginación los que te hicieron escuchar siempre la hermosa melodía? Algunos dijeron que era el llamado del Alma, y en aquellos momentos estuviste dispuesto a dejarlo todo y hacer el sacrificio.

"Hasta ahora no habías encontrado a la persona de cuyas palabras pudieras asirte sin aliento, o que te provocara un sentimiento tal de dicha que te hiciera sentir que tu siguiente aliento sería el último, y que ansiaras morir en una experiencia de felicidad absoluta.

"Entonces llegaste a mí, y te diré esto: yo soy tú mismo. Mi llamado es ese viento fino y cortante que sopla desde lo alto de las montañas. Yo soy la agonía del corazón cuando tu amada se aparta de tu lado y luchas por recuperar una vez más aquel momento preciado. Yo soy el llanto del niño que clama por su madre en la noche solitaria, yo soy la soledad del anciano.

"Mi llamado es el deseo de encontrar a Dios. Pero una vez que encuentras a tu verdadero compañero, mi contraparte, el Ser Sagrado, el deseo se cumple, porque entonces habrás iniciado el viaje hacia las alturas de Dios.

"Estás satisfaciendo la gran esperanza de toda Alma que se manifiesta en un cuerpo sobre la tierra, y eso es gracias al amor. Porque el amor es la única y la más noble fuerza en todos los universos. Al hacer esto, te conviertes en barro entre mis manos, y esto se llama entrega, porque yo tomo en mis manos los asuntos de tu ser en cada uno de los planos, y con ello quiero decir, realmente en mis manos.

"Primero, debe apoderarse de ti un anhelo tremendo por entregarte a mi poder. Éste debe ser un deseo tan grande que ya no puedas comer ni dormir a causa de él. Debe ser el anhelo de un hombre que se está muriendo de hambre o de sed, o de alguien que se asfixia por falta de aire. Eso debe ser lo único que ocupe tus pensamientos.

"¿Qué puede importarte que tu cuerpo esté vestido con harapos o que tu estómago esté vacío, si yo me he hecho cargo de ti, de tu mente y de tu cuerpo? Debes vaciarte de todo para darme tu amor, y entonces te daré la vida.

"Te has golpeado la cabeza contra la pared, has llorado incesantemente durante largas noches y le has implorado a Dios que llegue; pero eso no fue lo que me trajo a ti. Pues sólo mediante la entrega puedo llegar a hacerme cargo de ti.

"¡Porque yo soy Dios, tu Alma y tu mente!"

El buscador lo escuchó asombrado.

Una pregunta
acerca de Dios

l viento mecía los sauces y agitaba la superficie del río. El tibetano caminaba lentamente a lo largo de la orilla, estudiando la luz del sol que brillaba sobre el agua, y el buscador lo seguía, observando cada movimiento de la magnífica figura envuelta en su túnica marrón.

"Señor", dijo el buscador, "háblame de Dios. ¿Qué me puedes decir acerca de Él? ¿Es verdad que uno se vuelve Dios si te sigue?"

La majestuosa cabeza asintió, y aquellos ojos sabios, profundos, miraron hacia la lejana orilla boscosa y las redondas colinas al otro lado del río. "El destino de todo hombre es convertirse en el Espíritu de Dios", retumbó su voz profunda. "Dios no es ninguna cosa.* Pero tú no eres capaz de creer que Dios no sea nada. En tu imaginación, creas ideales e ídolos, y crees que ellos son Dios.

"¡No! ¡Ellos no son Dios!

"Ellos son solamente los atributos de Dios, ya que una vez que has trascendido el tiempo y el espacio, más allá de toda creación, te encuentras con la perfección.

---

* **N. del T.:** El autor juega con la palabra *no-thing*, que él separa con un guión para subrayar su significado como nada y como ninguna cosa.

"Al final descubres que esa perfección no es ninguna cosa, y que ninguna cosa es la perfección. ¡Esto es el Sugmad, Dios!

"Por lo tanto, no busques nada salvo a Dios, y entonces no estarás buscando nada. ¿Te parece que hablo con acertijos?

"Sí, así hablo porque la búsqueda de Dios implica ir más allá de todos los cinco mundos hasta la región innombrable donde mora la deidad, ¡el Padre Absoluto de todo!

"No existe filosofía más grande que la del ECK. Porque al ser una con el Espíritu de Dios, tu Alma regresa a Dios. Esto es entrar en el verdadero Reino de Dios. Seguramente, joven señor, tú no conoces todavía el verdadero reino.

"Y por ello debo hablarte. El reino verdadero es ese mundo más allá de todos los mundos: el Océano de Amor y Misericordia, la Realidad Absoluta. El cual está a tal punto por encima de la humanidad, que el pensamiento no tiene alcance ni siquiera para imaginar lo que podría ser. No busques nada más que el reino verdadero, porque éste es el gran vacío de todo. El reino de Dios.

"Caminante, Dios tiene muchos niveles de logro espiritual, pero ocúpate sólo del hogar verdadero. No tengas miedo de ver a Dios, ¡porque al desear a Dios conocerás el deseo verdadero!

"La vida es tan sencilla que el hombre pasa por alto la verdad de las verdades. El verdadero discípulo de Dios es aquel que tiene a Dios. Aquel que es un hombre sencillo. Si tú posees a Dios de esta manera, en verdad tienes una naturaleza sencilla. Alaba a Dios, y ama a tu prójimo. Haz todo en nombre del Sugmad, sin esperar recompensa.

"Busca a Dios para obtener tu sustento. ¿Qué más necesita un hombre en la vida?

"Tus virtudes consisten en la constancia, el amor y la alabanza. Ahí, querido mío, encontrarás las verdades dentro de la verdad.

"El maestro verdadero ha trascendido el estado en el que se preocupa por su propia salvación. Él se compromete, entonces, con el eterno bienestar de todos los seres vivos, y no descansará hasta que no los haya conducido a todos nuevamente hasta el hogar verdadero.

"Cuando el maestro alcanza la iluminación, Dios le da el mandato de no entrar al reino más elevado, sino de permanecer en el mundo como cualquier mortal y dedicar sus habilidades espirituales a la ayuda de todas las Almas.

"Él debe tomar ahora en sus manos el deber de reunir a las Almas para que regresen a su verdadero hogar, al mismo tiempo que actúa en amorosa unión con todos los seres, la creación, los mundos y Dios.

"La alegría, la ecuanimidad, la bienaventuranza y la felicidad son sus recompensas. Él mora con Dios mientras sus pies caminan sobre la tierra. Como la flor de loto que, aunque crezca entre las aguas lodosas, no se contamina con el fango, así él, aunque nazca en este mundo, no se contamina con los deseos o las cosas mundanas.

"Ahí está la respuesta. La ley de Dios exhorta al hombre a verlo, y debes saber que incluso si nunca buscaras a Dios, Él te buscaría y te obligaría a regresar a Él.

"Te digo entonces: ¡Haz lo que digo, y te volverás uno con Dios! ¿Comprendes?"

Rebazar Tarzs se puso de pie en silencio mientras miraba sonriente el rostro del buscador. El viento saltaba con brío sobre el agua, y hacía sonar los bejucos y las ramas de los sauces.

El tibetano rió suavemente, y el buscador rió con él.

El Río de Dios

as nubes de la tormenta comenzaron a acumularse en el cielo azul sobre las montañas lejanas, y una repentina ráfaga de viento sacudió las hojas de los árboles que colgaban sobre las aguas del río. Los truenos rugían y los relámpagos atravesaban las nubes blancas por encima de los picos nevados.

El buscador se sentó bajo un gran roble al tiempo que observaba el río: el río que corría siempre hacia el mar, mientras sus aguas color café golpeaban suavemente la orilla arenosa con un sonido murmurante.

"Es como el Río de Dios", dijo el buscador lleno de esperanzas. "¿Acaso veré alguna vez el gran Río del que habló Juan en las Revelaciones?"

Rebazar Tarzs dijo: "Verás y conocerás el glorioso Río de Dios, el Absoluto. ¡Yo te llevaré allí, a ver a Dios en toda Su gloria majestuosa!"

"¿Llevarme? ¿Adónde iremos?", preguntó el buscador con temor reverencial.

"Más allá de los mundos del espacio cósmico de Dios. Hasta los confines más remotos de aquellas regiones espirituales jamás holladas por el pie del hombre, y donde sólo el Alma puede viajar. Iremos allí donde el tiempo, el espacio, la imaginación y las ideas carecen de existencia. Donde sólo habita la verdadera realidad. ¡Es allí donde verás el Río de Dios que brota del trono divino!"

"¿Y cómo iremos?", preguntó con avidez el buscador.

"Simplemente cierra los ojos y observa el Ojo Espiritual. Espera a que yo llegue. ¡Entonces te llevaré ante la vista gloriosa del divino Río de Dios!"

El buscador cerró los ojos y observó con mucha atención el Ojo Espiritual entre las cejas. De la oscuridad fue surgiendo gradualmente una lluvia continua de luz amarilla y brumosa que lo envolvió en una nube que giraba. Con la luz llegó un extraño zumbido, como si miles de abejas volaran alrededor de su cabeza.

De repente, la luz se arremolinó con furia y se detuvo; el buscador tuvo la extraña sensación de que algo le estaba pasando a su cuerpo. En la coronilla de su cabeza se produjo un sonido de succión, un movimiento y, después, un sonido como cuando se descorcha una botella. En ese momento sintió como si lo levantaran en vilo. Sorprendido, se detuvo, y se encontró de pie mirando aquel cuerpo que estaba sentado en el suelo. Exclamó maravillado: "¡Ése soy yo!"

Se miró entonces a sí mismo, y vio que el cuerpo que vestía era como una envoltura blanca. El tibetano se encontraba a pocos metros de él, vistiendo un atuendo similar.

"El Alma", explicó el Maestro. "Así está vestida. Has abandonado el cuerpo Físico, el Astral y el Mental. Estamos en la cima de los tres mundos, listos para volar hacia lo más alto. No sabrás nada, ni verás nada, hasta que estés listo.

"Toma mi mano. Ten fe. ¡Te mostraré el Río de Dios!"

El buscador cerró los ojos y se aferró a la mano del Maestro, mientras ambos parecían volar a través del espacio. Tras unos momentos, el buscador escuchó la voz de su compañero que le indicaba que abriera los ojos.

Estaba sobrecogido de asombro. Parecían estar de pie sobre la cima de una vasta meseta que dominaba un inmenso valle en un deslumbrante mundo blanco. A lo lejos había un círculo blanco que relucía con una esplendorosa brillantez, a una distancia de ellos que podría haber sido de cien o mil kilómetros, el buscador no podía saberlo. Del círculo brotaba una corriente incandescente de Luz blanca tan brillante que apenas si podía mirarla, y esta Luz se extendía por los mundos, volviéndose como una lluvia que caía sobre las tierras cósmicas de Dios.

"Allí está Dios", dijo el tibetano, señalando hacia el disco blanco en el inmenso cielo. "El Río de Luz brota de Dios; míralo cómo fluye hacia el océano de misericordia y amor. No puedes acercarte más o morirías, ya que Dios no permite que nada imperfecto se le acerque.

"Así como el río está hecho de gotas de agua, el Río de Dios está hecho de átomos puros que circulan por todos los mundos de Dios hasta llegar a la cima de los tres mundos. Entonces, el río regresa a Dios, aún puro en Su forma.

"Sin embargo, por debajo de los tres mundos, y en la región física, la corriente de luz viaja como luz impura, hasta que, eventualmente, se convierte en un círculo dentro del cual continúa moviéndose a través de su creador, en la cima de los tres mundos. Pero con el tiempo la corriente fluye de regreso al centro de ese círculo que ves a lo lejos, con el fin de ser purificada nuevamente.

"El Alma que ha sido recogida por la mano divina de Dios, a través del Gurú, empleará la Luz para iluminar el camino, evitando así los escollos, y usará el Sonido como la corriente sobre la cual viajará de regreso hasta su hogar verdadero.

"¡Ésta es la luz que ves cuando estás en contemplación!

"¡Ahora ya has visto y debes regresar!"

El buscador cerró los ojos nuevamente. Al volverlos a abrir se encontró con el Maestro, sentados ambos junto al río bajo una lluvia suave. El Maestro se metió debajo del árbol y movió las manos con un gesto familiar.

"Ya ves", dijo con voz muy suave, "¡puedo darte la experiencia que deseas!"

El buscador asintió, mirando las nubes negras que rodaban sobre las colinas. El viento sacaba espuma sobre la superficie del río. El buscador le devolvió la sonrisa al tibetano.

La filosofía de todo

Rechazar Tarzs se quitó las sandalias y las colocó junto a él, a la orilla del río. Sonriendo, miró al otro lado de las anchurosas aguas, hacia la punta resplandeciente donde un gran pájaro estaba pescando. El buscador siguió su mirada y contempló toda la belleza veraniega del río y, al fondo, las colinas de Cachemira.

El Viajero dijo: "Tu espíritu soporta una pesada carga, oh buscador. Tu conciencia está profundamente agobiada. Sólo yo puedo darte alivio. ¡Ven y déjame llevar tu carga!

"Los mundos están sostenidos por mi luz y mi música los mueve. El hombre vive gracias a la misericordia de la palabra de Dios. Ninguna creación de la luz puede existir salvo a través del cuerpo de Dios. Sólo Dios puede dar vida.

"El Viajero Espiritual es como un árbol con sus ramas. El tronco representa al Viajero y las ramas son sus discípulos. Un Maestro que carece de discípulos es ese árbol que no tiene ramas, y no puede haber ramas sin el tronco del árbol.

"No puedo darles mi amor a quienes tienen una mente estrecha. Cuando el hombre está en presencia de quienes tienen tales actitudes, se ve atado a leyes y códigos terrenales que no tienen nada que ver con Dios. La persona de mente cerrada habla de Dios en tono de intimidad. Pero las notas de esa sinceridad suenan falsas. Desea usar a Dios para su propio egoísmo pero, ¡ay!, eso es sólo un sueño. ¡Llévatelo, porque no tenemos nada que compartir!

"Y ahora, escucha esto. Dios es todo. Pero tú no eres capaz de creer que Dios sea todo. En tu imaginación existen y creas ideales e ídolos, y crees que ellos son Dios. Ellos son solamente los atributos de Dios, ya que una vez que has trascendido el tiempo y el espacio, más allá de toda creación, te encuentras con la perfección y, al final, descubres que esa perfección lo es todo, y que todo es perfección.

"Esto es Dios.

"No compartas la maldad de los demás. Si permaneces tranquilo y calmado, tu calma y tu tranquilidad tendrán sobre el otro un efecto mayor que su ira, ya que la verdadera resistencia es la práctica de estar satisfecho.

"Aquel que no ha gustado de Dios no conoce su dulcísimo néctar de bienaventuranza celestial.

"¿Quién podría decir qué proporciones de los hechos pasados, presentes o por venir, existen en la imaginación?

Pero, ¿qué es la imaginación? Es tan sólo la sombra de la verdad intangible. Es el pensamiento del Alma.

"Hombre, contempla tu suerte. Vives como una llama al viento, que se extingue con el primer soplo de la tormenta. Una y otra vez, vives y duermes para renacer de nuevo. Ciertamente, despertarás y vivirás otra vez, y nuevamente dormirás a través de los tiempos, hasta que el mundo haya muerto y los mundos del más allá sean tu hogar y, finalmente, vayas a tu lugar verdadero en el Espíritu a vivir por toda la eternidad.

"Si aniquilas el bien en tu propio ser, te aseguro que no estarás en mi sagrada memoria, y no arrancarás el fruto del antiguo árbol del amor. ¿Qué piensas? Hombre, ¿cómo tomarás el amor de aquel que te ha amado y apreciado?

"Mientras permanezcas absorto en tu propio yo, que surge del conflicto interior, no hay manera de vencer el dolor, ni de liberarse de la amargura entumecedora de la pérdida espiritual. Tal vez olvides gradualmente, como hace mucha gente, pero eso significa aceptar el entumecimiento con tal de no parecer loco, para ajustarse a la realidad.

"Pero si, en lugar de eso, logras identificarte en tu sentimiento con la experiencia de otros que han sufrido de manera similar, serás liberado de tu propia pena o conflicto interior mediante la unión compasiva con todos los seres vivos. Esta unión proporciona intrínsecamente una paz y una alegría duraderas, que son superiores a la lucha interior. Superiores porque no nacen del desesperanzado intento por evadir su causa o por dirigir estoicamente la mente hacia su impacto, sino por haber logrado superar el mal dirigido hacia uno mediante un amor profundo y satisfactorio hacia los demás."

El tibetano terminó y se sentó bajo la luz del sol que extendía sus grandes rayos dorados sobre el río reluciente. Recogió las sandalias y se las puso de nuevo, entonces se levantó y se dirigió hacia la orilla para beber agua con sus manos.

El buscador lo observó en silencio, sorprendido ante la sabiduría del Viajero cósmico.

El amor

n viento frío sacudía los sauces. Jirones de nubes se deslizaban velozmente surcando el cielo oscuro. La luna navegaba por los cielos, entrando y saliendo de los cúmulos de nubes, brillando sobre el río que corría por esas tierras fértiles.

El buscador se cobijó con su manto y miró al tibetano que caminaba sin rumbo junto a la orilla, donde golpeaban las aguas creando una melodía de sonidos.

"Ah, Señor, cómo te amo en la suavidad de la noche", dijo. "Miro la luna y veo tu rostro que duerme en ella. Tú estás en mi amada y estás en mi corazón. Nunca me dejes. ¡Nunca!"

"Búscame a mí, tu Guía, para encontrar el amor", dijo Rebazar Tarzs. "¡Sólo yo puedo darte paz y consuelo del espíritu!"

"¡Entonces ámame, Señor, y dame descanso!"

El Viajero sonrió suavemente. "Ten paciencia, hijo mío. Ten paciencia aunque el mundo te ataque y violente tu temperamento. Ah, tú sabes que lo más importante en tu vida es la felicidad. Pero yo te digo que todas las desavenencias entre tus amigos y tú surgen de la impaciencia. Si eres paciente, la vida podrá enseñarte algo mejor."

"¡Maestro, háblame del amor!"

Rebazar Tarzs sonrió de nuevo. "El amor es deseo, y el deseo es sentimiento. Por lo tanto, cuando experimentas un sentimiento profundo, ¡estás deseando algo!

"El amor es absoluto. Pero la concepción del amor varía según la conciencia individual. Ningún ser humano puede decir en qué momento la conciencia individual se ha desarrollado hasta el punto en el que todo desarrollo ulterior resulta imposible.

"El amor no es una cuestión de creencia, es algo que se tiene que demostrar. No es cosa de autoridad, sino de percepción y acción.

"Los requisitos del crecimiento exigen que muestres el grado más elevado de amor hacia aquello que está en perfecta armonía con el Alma. Nuestra felicidad se alcanzará a través de nuestra comprensión de la ley divina, y de nuestra cooperación consciente con ella.

"El amor es lo que le imparte vitalidad a nuestras mentes y corazones, y lo que les permite germinar. La ley del amor te traerá todo lo necesario para tu crecimiento y tu madurez espiritual.

"Por lo tanto, si deseas amor, trata de comprender que la única forma de obtener amor es dándolo. Que cuanto más das, más recibes; y la única forma en la que puedes dar amor es llenándote de él, hasta que te conviertas en un imán del amor.

"El amor divino tiene como meta la creación de la forma más elevada, y es necesario que sepas que, de igual manera, el amor individual está siempre intentando expresarse a través de la forma, para darle al Alma la más elevada arquitectura de realización espiritual.

"Abre los ojos, oh hombre, y busca con determinación el amor. Entonces aprenderás los secretos, como lo he hecho yo. El ángel resplandeciente del hogar verdadero se presentará ante ti con su túnica gloriosa. Él te dará los secretos del amor como nunca antes te habían sido impartidos. Pero ten cuidado, querido curioso, porque es peligroso buscar al ángel del amor a menos que seas plenamente sincero. Él puede dejarte ciego o engrandecerte.

"Si eres capaz de ver el amor en su totalidad, conocerás todas las cosas, el todo en el todo, los secretos de toda la realidad. Si no, ¡quedarás encadenado para siempre a este viejo mundo de oscuridad y sufrimiento!

"Cuando me haya ido de tu lado, mi elegido, cuando en la noche extiendas la mano y no puedas encontrarme, entonces deberías pensar en las glorias que pudieron haber sido tuyas. Porque es verdad que te amo, aunque no seas digno de lavar mis pies, y yo en cambio tengo la humildad para arrodillarme ante ti y lavar los tuyos.

"Ahora amemos, y toma aquello que te pertenece y sé feliz. Esta noche es ahora y el momento es ahora, porque la eternidad está en este preciso momento.

"Un beso del Ser Supremo entra en el esquema de la vida. Con frecuencia, Sus besos no dejan marcas más que en el corazón. Pero si tú no besas el borde de la túnica del Señor, ¿cómo podrá el Señor devolverte ese beso?

"Te digo con toda certeza que si no haces esto, sufrirás amargamente tratando de obtener el amor del Ser Supremo, y morirás.

"Esto, hijo mío, es el amor. El amor que hace que todas las cosas sean bellas. Sí, y que le infunde divinidad hasta al mismo polvo que pisas. Con amor, la vida seguirá su curso, gloriosamente, por toda la eternidad, como la voz de la gran música que tiene el poder de sostener el corazón de quien la escucha como sobre las alas de un águila, muy por encima del mundo terrenal."

El tibetano terminó de hablar y se dirigió hacia la oscuridad, entre los sauces que se mecían con el viento frío. El buscador se levantó para seguirlo.

El ser amado

l buscador se sentó en la oscuridad mientras el viento soplaba alrededor de él y de su amada, y el río cantaba a su paso hacia las planicies de la India.

Seguía preguntándose si Dios los había reunido a él y a esta mujer, sentados ahora en silencio el uno junto al otro. Pero él sabía que, fuera o no fuera ésa la intención de Dios, él se iría muy pronto.

Se preguntaba dónde podría estar el tibetano en medio de la oscuridad; probablemente reflexionando con la mente puesta en la obra universal.

Los pensamientos del buscador regresaron a la joven y, una y otra vez, un pensamiento cruzó por su mente: "Somos uno. Nada de lo que yo diga o haga es un secreto para ella."

Levantó la mano y le tocó el cabello y, de pronto, vio en sus ojos la luz de las estrellas.

Entonces, tan repentinamente como habían empezado, sus pensamientos cesaron en ese instante y el mundo se detuvo.

El buscador salió de esa inmovilidad y, al levantar la mirada, vio a Rebazar Tarzs de pie junto a ellos, con la mano derecha en alto, en señal de bendición. El tibetano dijo: "¿Será la vida o será la muerte? Aunque la muerte es tan sólo la noche de la vida, porque de la noche surge la mañana. Únicamente cuando el día y la noche y la vida sean una misma cosa y se reabsorban en aquello de donde vinieron, vosotros dos tendréis redención y unión* con Dios y con vuestros propios dos seres."

El buscador dijo: "Mucho te hemos esperado, oh Señor. Y, sin embargo, nuestro amor por ti no disminuyó. Mucho hemos esperado, y ahora nuestra recompensa está cerca. Una vez te buscamos muy lejos, y nos dejaste solos. Ahora, hemos batallado a lo largo de las horas de la noche para llegar hasta ti, y te hemos encontrado nuevamente a nuestro lado. Por lo tanto, nos regocijamos, pues la Luz está con nosotros, y el Sonido está en nosotros, y tú estás ante nosotros."

"Acercaos a mí, amados míos", dijo el Viajero. "Acercaos a mí, a través del abismo del tiempo. Poned vuestras manos sobre la mía y yo os conduciré a Dios. ¡Al Padre Absoluto que es omnipresente, omnipotente y omnisapiente!"

Tomando las manos de ambos entre las suyas, el

---

* **N. del T.:** El autor juega con la palabra *at-one-ment*. "Atonement" significa rendición o perdón. El autor separa las sílabas para señalar un estado de unión.

Viajero se sentó en el suelo y dijo: "Contemplad el halcón en el cielo. Vuela con el viento, deslizándose sobre las corrientes de aire en busca de su presa. ¿Acaso sois inmortales frente a las garras del halcón? Y, sin embargo, vivís del pan fuerte de esta tierra. No, debéis volveros hacia el Señor en busca del tierno cuidado y de la fortaleza para soportar la vida.

"Ah, hombre, has profanado a tu mujer. Perdóname, Dios, pero el hombre no ha hecho otra cosa más que quebrantar a la mujer, enredando su corazón descuidadamente y abandonando su amor. Ah, pero déjame mirar lo que guarda el corazón de la mujer, y ver el amor que siente ella por el hombre, sea su marido, su hijo o su amante. ¡Oh Dios, eso es tan sólo el reflejo de tu amor!

"Mujer, tu lámpara no puede arder sin aceite, y el hombre no puede vivir sin la mujer. ¡Ninguno de vosotros puede vivir sin el otro o sin Dios! ¡Sólo aquel que está iluminado por la luz espiritual es realmente una gran Alma!

"La fuerza, la belleza, el poder y todas las cosas tan preciadas para el hombre no son más que pompas de jabón. ¿Acaso no es la ambición más que una escalera interminable que no llega a ninguna cima mientras no se pise el último peldaño inalcanzable? Las alturas no conducen más que a otras alturas, y no hay descanso alguno en los peldaños, porque éstos se superponen los unos sobre los otros y su número no tiene límite. La vida se vuelve aburrida y ya no sirve para satisfacer horas de placer, ni para comprar tranquilidad interior.

"¿Es que acaso la sabiduría no tiene fin, hijos míos, de manera que vosotros pudierais esperar alcanzarla? ¿No es acaso vuestra sabiduría más que un hambre devoradora que día a día les exige a vuestras conciencias un conocimiento del ansia vacía de la mente? Entonces, ¿no sería mejor servir al Señor a cambio de las migajas de Su mesa, y así lograr al menos atisbar el rostro de Dios, en lugar de no ver nada? Yo os digo, hijos míos, que es tiempo de que el hombre empiece su búsqueda de Dios. ¡El hombre busca a Dios en todas partes salvo donde estoy en realidad!

"Hombre, ¿dónde moro en realidad? Te lo diré. En el corazón de tu amada. ¡Mira ahí y encuéntrame, hijo mío!

"Os entrego, hijos míos, este gran principio. El amor humano es aquel que habla del yo, es un amor egoísta que exige algo a cambio del amor que derrama.

"El amor divino es aquel que no espera nada a

cambio. Cuando ambos sintáis amor por los demás, sin importar lo que pueda sucederos o lo que otros puedan haceros, entonces tendréis amor divino.

"Cuando os améis tanto el uno al otro que ya no importe lo que el otro haga, tendréis entonces amor incondicional, y vuestro amor se habrá elevado por sobre los planos de este mundo terrenal.

"Entonces sabréis cómo amarme a mí, vuestro Dios y Creador."

El Gurú soltó las manos de ambos y se puso de pie, mirando hacia la oscuridad, mientras sus grandes ojos negros brillaban con fuego propio entre las sombras. Entonces, se dio la vuelta y se dirigió hacia el río murmurante: era una figura majestuosa en medio del viento nocturno.

La vida

n encaje de luz pasó entre las hojas del enorme roble y cubrió al buscador, mientras éste miraba a la muchacha que jugueteaba en el agua poco profunda de la orilla del río. Cerca de ellos, el Viajero observaba.

Había momentos en su vida en que el buscador parecía alcanzar las alturas del éxtasis.

Algo que vio hizo resonar un acorde en su interior. La luz del sol caía dulcemente sobre los campos, y el mundo del río y de las montañas cubiertas de nieve parecía estar vacío y lleno al mismo tiempo.

Se sentía en paz e, interiormente, estaba pleno de alegría, porque esto era Dios, ¡Dios el hermoso!

El buscador dijo: "Oh, Señor, saber, ser, tener y buscar es la respuesta que busco. Lo abandonaré todo con tal de encontrarla. ¿Es esto Dios? ¿Cómo saberlo? Todo lo que puedo decir es que se trata de un profundo anhelo por tener. Por ser."

El tibetano contestó: "Tú buscas convertirte en una ley para ti mismo. Deseas ser responsable sólo ante Dios. Cuando lo alcances, cuando te vuelvas uno con el Espíritu de Dios, entonces sólo vivirás de acuerdo con la ley interior."

"Maestro, he caminado en la noche buscándote. He

mirado los rostros de los niños en tierras extrañas y he hablado con los sacerdotes de mundos desconocidos. Te busqué en el crepúsculo del lejano Pacífico, y en el Tíbet, donde el hielo y la nieve imperan sobre la tierra.

"Le hablé al mundo, Maestro; clamé por ti en el país del Tíbet. Te imploré que me llevaras contigo. He vivido en la agonía. ¿Deseas acaso que me marchite en este plano terrenal? ¿Acaso no me dirás cuál podría ser la verdad? ¿El mundo de la luz?"

La muchacha los miraba intensamente. Cuando el tibetano hizo una señal, ella dio un salto como si fuera un venado, y se paró junto a él con la mirada baja.

"Voy a deciros algo. Os hablaré con acertijos.

"El leopardo está hambriento, pero no logra atrapar a su presa porque el venado es más veloz. Así, amigo mío, el hombre también tiene hambre espiritual de mi palabra, pero su jactancioso rugido no me acerca más a él.

"Ni el hombre ni el leopardo pueden permanecer al acecho, esperando atrapar al Espíritu. No, tú no puedes hacer nada.

"El leopardo es el señor de la selva, según me han dicho. ¿Es acaso el monarca del reino animal? Dime entonces, ¿es capaz de vencer al elefante? ¿Puede acaso burlar a la zorra o correr más velozmente que el venado?

¿No? Entonces no es el rey de la selva, pues gobierna mediante el miedo.

"Así, pues, aquel que gobierne sin amor, morirá. Yo te digo que toda tu vanidad es en vano. Me buscarás a lo largo de todas tus encarnaciones hasta que seas un ser humano, y después un Maestro.

"Ah, pero ahora, amigos míos, vosotros sois como el leopardo. Tenéis tanta autoestima, y cuán grande es el sufrimiento que ésta os provoca. Sacudiros el pequeño yo al igual que un perro sacude su hueso, y decidle que se vaya. Escuchad ahora: esa autoestima no es más que vuestro ego oculto entre los matorrales, detrás de vuestra vanidad y vuestra impaciencia. Regocijaos, porque lo vamos a echar muy lejos.

"El Sugmad es el centro de todas las cosas, y es ahí donde vuestra mente debe morar en todo momento; debéis depositar vuestra fe en mí, el Maestro. Por ello, os repito lo que decía Séneca, el romano: 'El más grande de los hombres es aquel que elige lo correcto con una determinación invencible.'

"El corazón debe estar dispuesto a servir a Dios a través del amor, y aspirar a esto. Mediante este gozoso proceder, el corazón cumple con el gran principio del amor de Dios, y se da a conocer en los mundos de Dios, porque nadie puede resistirse al amor.

"La cara expuesta del surco abierto es obra del Señor. Él está ahí, en el más humilde gusano, y vosotros también estáis en esa frágil criatura. Así que no os llenéis de arrogancia y creáis que sólo vosotros sois de Dios. Entonces hablaré con un sentido doble: vosotros no sois Dios ni tampoco el humilde gusano, sino nada.

"Ah, ahora no os mostréis confundidos, porque esto es sólo el juego de maya con las palabras. Dios es el poder, el omnisapiente y el omnipresente. Éstos son los atributos de Dios, mas no Dios Mismo. La verdadera realidad es la fuente de Dios. Por lo tanto, para haceros uno con Dios habéis de volveros parte de la fuente verdadera, y no del poder.

"Por ello, al volveros uno con Dios os transformáis en el instrumento de Su poder, y no en Dios Mismo. Para volveros uno con Dios, debéis regresar a vuestro verdadero hogar como Alma. ¡Ésta es la vida!

"¿Os dais cuenta?"

Sonriendo, el tibetano levantó dos dedos y caminó hacia las arenas de la orilla del río murmurante. El buscador se dio la vuelta, miró los ojos de la muchacha que estaba junto a él y vio que su amor brillaba resplandeciente.

Los principios eternos

l río borboteaba y cantaba a su paso junto a la orilla. Un árbol se perfilaba oscuro contra el cielo nocturno. Sus ramas estaban lo bastante abiertas como para mostrarle al buscador una estrella resplandeciente que brillaba a través del follaje.

La esencia de lo que vio encendió su mente por un instante, y su visión interior se abrió como una luz blanca que reveló los mundos encima de los mundos.

Una dicha extraña estalló en su Alma, y su sangre se tornó en vino que burbujeaba y bailaba por sus venas. Levantó la mirada y vio al tibetano que se aproximaba en la oscuridad, hasta que se detuvo a su lado.

"Señor", dijo el buscador, "tú eres aquel a quien he buscado durante mucho tiempo. Tú eres la esencia de mi felicidad."

"Ah, joven amigo", replicó el Viajero, "los mundos giran dentro de ti. Tú eres el pequeño mundo dentro del gran mundo. ¡Busca sólo a Dios, y nada más!"

"¡Te amo, Señor!"

Rebazar Tarzs sonrió. "Todas las palabras son símbolos de significados ocultos. El poder divino es un significado oculto que encierra fuerzas invisibles, las cuales moldean día a día la vida del hombre. Tú eres como el pez que vive en el mar. ¡Obedece a Dios, o sufre!"

"Háblame, oh Señor, y dame tu sabiduría", imploró el buscador.

"Tú irradias inteligencia divina y paz hacia el mundo, porque eres una individualización de Dios. Las escrituras hablan del nacimiento de Cristo como de un bebé nacido de la virgen. Cualquier idea divina que surja en la mente o en el Alma es eso que proviene del gran mar del Océano de Misericordia y Amor de Dios, por lo tanto, es una idea dada por Dios para el bien de toda la humanidad.

"Dios es vida. Por lo tanto, Dios es existencia y Dios es conciencia. Tales son los atributos de Dios. La existencia es esa realidad eterna en la cual mora toda la creación.

"El amor de Dios puede otorgarte las gloriosas alturas que de esta manera te ayudan a superar todas las cosas de este mundo. Ese amor existe para esto: la existencia de toda la realidad.

"Te digo, pues, hijo mío, que el secreto de la verdadera felicidad es para aquel que no pide nada a cambio. Aquel que carece por completo de egoísmo es quien encuentra su gloria en Dios. Da lo que tengas que dar, y te será devuelto. Todos los materiales para construir tu casa en este mundo o en los mundos cósmicos interiores provienen de dentro de ti, del centro de Dios en tu corazón.

"Por ello, ama a todo con generosidad, comprensión y perdón, y con la unión del Alma con Dios.

"La experiencia misma de la satisfacción o del deleite se encuentra en el proceso de la relajación. Ésta debe incluir la conciencia de estar saliendo de alguna confusión o lucha. Cuando los cambios cesan, sufrimos la aflicción del vacío, y como Alma nos dirigimos hacia otro proyecto, en nuestra búsqueda de Dios. Lo que digo, entonces, es que no nos desviamos de la meta sino que miramos, buscamos y entendemos a Dios con una gran profundidad y una penetración mental del corazón y del Alma aun más aguda.

"Los tres principios eternos de Eckankar son la comprensión adecuada de Dios, el conocimiento de Dios y el conocimiento de la creación de Dios.

"Si comprendes estos tres principios, serás grande ante los ojos del Verdadero Padre Sagrado.

"He aquí mi promesa. Si buscas en tu interior para encontrar el centro divino, tu ideal puede realizarse. Eso depende de ti, porque cada hombre es la verdad y el camino para sí mismo. Dirigiéndose a sus discípulos,

Jesús les dijo: `Yo soy el camino y la verdad', pero él estaba hablando desde la conciencia de Cristo y no como Jesús, el hombre.

"Es así como yo te hablo, hijo mío, desde lo más elevado, desde el plano de Dios, y no como individuo. Dios es tuyo con sólo pedirlo. No necesitas a nadie, salvo al Maestro, para demostrártelo. Básicamente, te necesitas a ti para convertirlo en una realidad.

"Mientras más consciente estés de que la Luz de Dios te centra, te volverás más consciente de que la Luz es tu propio ser, y que tu cuerpo no es más que una extensión de tu ser, que fue creado para manifestar a tu ser.

"Mientras más crece esta conciencia, más te conviertes en el ser cósmico, y más conoces. Cuando finalmente te vuelves plenamente consciente de ti mismo como ese ser supremo, entonces eres ese ser supremo.

"Terminemos aquí."

El Viajero terminó de hablar y miró hacia el río oscuro y murmurante. El reflejo del cielo en el agua era como una red de pescar llena de oro.

"Buenas noches", dijo abruptamente el tibetano, y se alejó caminando.

El buscador murmuró una respuesta, sentado aún

en la oscuridad bajo el árbol. Su Alma parecía haberse liberado repentinamente; era una experiencia de relajación, la salida de la oscuridad hacia la luz.

De pronto, se sintió espiritualmente libre y permaneció sentado ahí, en medio de la noche, escuchando el canto del río.

La Ley del Ser

l buscador caminaba por la orilla del río, cuestionándose inquieto acerca de su estado mental. El gran torrente fluía murmurando su canción con una bella melodía, y bañaba la arena de sus márgenes.

Las barcas navegaban por la anchurosa superficie del río, mientras la luz del sol se reflejaba brillante en el agua que goteaba de sus ruedas enfangadas. Silbidos melodiosos resonaban en las elevadas colinas. A lo lejos, en la orilla, el buscador vio el dique donde las graciosas barcas de color blanco eran empujadas hacia los muelles, donde los hombres atareados las iban cargando con mercancías.

El buscador se volvió hacia el Gurú, y dijo: "¿Puedes pensar que la vida no sea más que lo que es en este momento, cuando la forma del amor y la alegría irrumpe en este mundo mío y lo encuentra vacío?

"Anoche encontré a mi amada dormida a mi lado, soñando con un mundo bañado suavemente por el amor. Ella sintió mi mano que la tocaba, y la oprimió contra su cuerpo. ¿Acaso la vida puede ser sólo esto, Oh Maestro? ¡Dímelo, maestro mío!"

El gran río, con los sonidos del agua corriente y el ruido somnoliento de los silbatos, cruzó por su mente como si fuera parte de sí mismo. Vio la tierra al otro lado de las montañas y de las márgenes del río envuelta en una espléndida neblina azul.

El tibetano dijo: "Ah, buscas el ser superior, a través de ECK. Tu primer deseo individual es siempre el factor determinante de tu experiencia. La causa primera de todo pensamiento creador y de toda búsqueda de Dios es la elección inicial del pensamiento. La elección inicial del pensamiento crea sus propias circunstancias y condiciones divinas. Tu experiencia no es ni más ni menos que tus propias elecciones y pensamientos hechos visibles. El orden creador de Dios siempre va del plano espiritual al mental, en forma de circunstancias y condiciones."

"Sí, Señor, pero hoy tuve un atisbo de esa gran Superalma en Su totalidad. He visto la lucha de la humanidad y el control de su destino terrenal a manos de individuos que dominan sus vidas y las corrientes de poder."

Sonriendo, el tibetano respondió: "Tu visión ha pasado por alto el hecho de que el Alma es más poderosa que el espacio, más fuerte que el tiempo, más profunda que el mar y más alta que las estrellas.

"La palabra de Dios es pan y vino para aquel que

lucha. Ningún hombre puede mantener a sus congéneres oprimidos bajo su pequeño y arrogante yo, porque algún día Dios aparece, y todos los pequeños deseos y voluntades del yo inferior se secan como un charco de agua bajo los rayos del sol. Aquellos que habían sido retenidos lejos de Dios irán hacia Él, y el Alma que tenía el control deberá aprender su lección.

"Así, pues, yo soy un extraño para el hombre en este mundo, y éste, en lugar de buscarme a mí, busca el poder. No obstante, yo amo este mundo. Así que te pregunto, hijo mío, ¿qué alimento espiritual has almacenado para tu viaje hacia los mundos que hay más allá, después de que dejes éste?

"Ahora te estoy hablando con acertijos. Pero para los oídos de aquellos que pueden escuchar la verdad, nada de lo que digo es un acertijo. Mis palabras son la verdad, y son eternas. No hay nada de ordinario en la palabra de Dios, y para los buscadores de Dios, yo hablo la palabra de Dios. Por lo tanto, te digo que cualquier palabra dicha en el nombre de Dios porta el mensaje de la causa divina. Así que escucha y comprende.

"Siéntete satisfecho y deja que tu mente corra como el río que ves ante tus ojos, el cual siempre está fluyendo hacia adelante, siempre hacia el mar, y aun así nada puede tocarlo.

"La vida es como ese río: una continuidad, nacimiento tras nacimiento y muerte tras muerte. Sólo la indiferencia actúa como la influencia separadora. No ames ni odies, sino permanece contenido en ti mismo, viviendo interiormente siempre para Dios.

"Tú mismo eres tu propio problema. Antes de que puedas resolver el misterio de Dios, debes comprender el misterio de tu pequeño yo, y actuar para resolverlo. Ésta es la Ley del Ser, la ley de Dios. Por lo tanto, te digo que no te dediques a la búsqueda de Dios hasta que no hayas conquistado y resuelto el pequeño yo en tu interior.

"No pretendas salvación alguna mientras la murmuración siga atrayéndote, mientras te molesten más las faltas de los otros que las tuyas, mientras puedas seguir disculpando tu propia debilidad y pongas tu propia culpa en otra persona, porque entonces es que no has resuelto tu problema del pequeño yo."

Rebazar Tarzs siguió diciendo: "Yo soy alguien de tu pasado, establecido ahora en ti. No tengas miedo. Yo soy parte de tu ser. Mi sabiduría rebasa la concepción de los sentidos mortales. Aprende ECK, éste es el verdadero camino. Sé sabio y sigue el sendero de ECK."

El silencio cayó alrededor de ellos, y el agua del río chapaleaba suavemente sobre las orillas con una música suave que penetró en el Alma del buscador, yendo cada vez más profundamente hacia el centro místico de su corazón.

Un sermón junto al río

n hombre llegó al río y se sentó frente a Rebazar Tarzs; después llegó otro, y otro más, hasta que se formó una multitud. Todo el que llegaba hacía una reverencia y se sentaba.

El buscador los miró y se dirigió hacia el tibetano diciéndole: "Estos hombres han oído hablar de tu sabiduría y desean escuchar tus palabras."

Un hombre delgado y harapiento se puso de pie y habló. "Sí, háblanos, gran Alma. Danos una migaja de tu sabiduría acerca de ese Ser misericordioso que buscamos."

"El ser humano está siempre buscando", respondió sonriendo el Gurú. "Y no encuentra, porque la vida no comienza con el nacimiento ni termina con la muerte. El ser humano tiene sed de perfección. El ser humano busca a Dios. ¿Cómo puede el ser humano encontrar a Dios, sin la ayuda del Hombre Dios, en veinte, cien o mil años? Si estás muerto, Él te traerá de nuevo para que lo busques. Nuevamente te hará morir, y te traerá otra vez. Pero al final, Dios reunirá a todas las Almas y entonces las llevará a Su reino."

"Tuve un sueño contigo, gran Alma", dijo el hombre harapiento. "¿Qué fue este sueño contigo que llegó durante la noche, cuando mi rostro estaba levantado hacia el cielo? Le pregunté a Dios dónde estaba Su hijo, y ahora te encuentro a ti."

Sonriendo, Rebazar Tarzs dijo: "Todos nos hemos conocido antes. Hace varios siglos, todos vosotros os sentasteis bajo una higuera de Bengala a escuchar mis palabras. Ya hemos estado juntos en muchas tierras, aquí en este mundo terrenal y en el más allá, y siempre estaremos juntos en vuestro largo viaje por alcanzar la meta eterna de Dios.

"La vida no es sino un perpetuo ajuste de cuentas. El hombre muere dejando atrás muchas cuentas sin saldar. Algunas son débitos y otras son réditos; el ser humano queda en deuda por el mal que hace, y con saldo a su favor por el bien que hace. Por lo tanto, debe regresar otra vez a este mundo para pagar y cobrar. Y vendrá y se irá hasta que el Maestro de ECK aparezca y lo recoja para llevarlo a Dios.

"El verdadero valor de la vida es ser humilde ante todas las criaturas de Dios. La grandeza de Dios y la necesidad de humildad conducen a una vida honesta y pura, porque una vida ética no es más que un escalón hacia la espiritualidad. ¿Acaso no os dijo vuestro gran maestro Jesús que, a menos que fuerais como niños, no entraríais en el Reino de Dios?

"El amor hacia vuestros semejantes, por ser éstos hijos de Dios, os hace fieles no sólo a vosotros mismos sino a vuestra aldea y a toda la humanidad dentro de este mundo terrenal, y a los ciudadanos de las siete esferas del más allá. Esto conduce a la expansión del Alma, y vosotros os transformáis en un Colaborador consciente de Dios, con una perspectiva cosmopolita de la vida.

"La verdad eterna de los siete cielos del universo cósmico es que Dios es uno. La manera como denominamos a esta realidad divina es tan sólo el nombre que nosotros le damos. Pero todas las razas y los países tienen un nombre diferente, e inclusive los sabios y los rishis la llaman con sus propias palabras. Sin embargo, se trata de lo mismo en cualquier idioma. Solamente aquel que ha experimentado esta realidad en Dios puede presentar con autoridad sus diversas facetas de la verdad, y dar una versión verdadera de los puntos de vista conflictivos de las diferentes escrituras.

"Haced que el amor sea vuestro maestro, porque el amor es Dios, y aquel que ama a Dios amará eso que llamamos amor. Es el amor lo que os une a Dios, y es el amor lo que os separa del mal y coloca vuestros pies en el sendero de lo correcto. El amor es absoluto y es una ley en sí mismo.

"Para tener libertad debéis buscar a Dios, porque sólo Dios puede daros eso que rompe las cadenas de este mundo y eleva al Espíritu hacia el verdadero reino. La libertad es aquello donde el Alma mora en éxtasis, en un infinito donde el ser se funde con un Ser sin límites que lo abarca todo.

"Vosotros sois el mismo Espíritu de Dios que flotaba sobre la superficie de las aguas cuando la tierra estaba vacía e informe, y la oscuridad reinaba sobre la faz de las profundidades. ¿De dónde viene, entonces, esa dicha cuando Dios se agita en vuestro interior? ¿Acaso no sois la tierra misma y el Alma de vuestros semejantes? Buscad dentro de vosotros y ved qué os ha traído Dios en el mundo sempiterno del ser cósmico. Vosotros pertenecéis a los mundos que existen más allá del tiempo y del espacio, y a ese mundo del innombrable a quien llamáis Dios.

"No existe ninguna línea divisoria entre cualquier otra cosa y vosotros, en todas las siete esferas de Dios. Si vuestro prójimo sufre, debéis sufrir con él, y también debéis compartir su alegría.

"Habéis sido bendecidos, gente del río, ¡porque las llaves del reino os han sido entregadas este día!"

Con esto, el Gurú inclinó la cabeza y descansó la

barbilla sobre el pecho. Los ojos del tibetano se cerraron como en una adoración silenciosa de Dios. A su lado, el buscador estudiaba con reverencia la majestuosa serenidad de ese rostro.

Lentamente y en silencio, la multitud se levantó y empezó a dispersarse entre el banco de niebla gris que se estaba levantando de la tierra y de las aguas como una densa cortina de vapor.

El espejo de Dios

na pesada bruma gris se cerró alrededor de la pequeña ciudad, y los habitantes que pasaban junto a Rebazar Tarzs y su chela parecían espectros fantasmales que surgían de los jirones de niebla. El buscador y su Gurú caminaron decididos hacia el río que se veía a la distancia.

El continuo eco de los silbatos de los barcos de vapor resonaba profundamente entre las cortinas de niebla que ocultaban el sol naciente de la mañana. Otros sonidos se perdían en la neblina densa y gris.

Finalmente, llegaron a la orilla del río. El buscador arrojó su paquete de comida sobre la hierba, bajo el roble gigante, y comenzó a buscar ramas para encender una fogata. Muy pronto, las llamas del fuego brillaron alegremente entre las gotas de la llovizna. Mientras abría el paquete para preparar la comida, el buscador dijo: "Supongo que Dios es como un espejo. Yo lo llamaría el Espejo de Dios. Todo lo que se coloque frente a él va a ser reflejado, sin que el espejo tenga una razón para hacerlo."

El tibetano contestó sonriente: "Eso es cierto, pero tú hablas del cuerpo universal de Dios, no de Dios Mismo. Todo lo que es bello o feo, rico o pobre, bueno o malo, absolutamente todo, es reflejado por ese espejo. Éste es imparcial respecto de todo lo que se coloca frente a él, y todos los mundos del espacio y del tiempo son afectados por este espejo. ¡Es como la niebla donde el sonido del silbato de los barcos de vapor hace eco porque no puede penetrar la profunda cortina de bruma!"

"Creo que comprendo lo del espejo, Maestro, pero no entiendo cómo es que refleja todas las situaciones, las circunstancias y las acciones."

"Tú hablas del karma, hijo mío", dijo el tibetano mientras miraba profundamente las llamas resplandecientes. "Todas las cosas particulares se reflejan en el cuerpo de Dios; esto es, la mente y el cuerpo material de Dios. Todo lo que está abajo, en los tres mundos, es parte de la ley de Dios llamada karma. En esta parte de las esferas celestiales, el espejo refleja todos los hechos y las acciones sin dudar y sin tener razón alguna."

El buscador estudió sus pensamientos durante unos momentos, y dijo: "Tú has dicho que todos los obstáculos interpuestos en el camino del devoto y todas las trampas que se le tienden son resultado del Poder de la Mente Universal."

"Sí", sonrió el Maestro, "es verdad. Cualquier trampa u obstáculo tendido por la mente y la materia, y que detiene o interfiere con el progreso del devoto que está luchando por alcanzar la más elevada mansión de Dios, desaparecerá por completo en el momento de pronunciar los nombres sagrados de Dios.

"Sí, y déjame decirte que cualquiera que luche contra el mal debería ser cuidadoso, no vaya a convertirse él mismo en el mal que ataca. Porque si miras demasiado tiempo en el espejo con ojos que sólo ven el mal, entonces el reflejo será el del mal, y tu propio ser se llenará de ese mal.

"Toda la vida es una; por lo tanto, no puede haber Dios y hombre o universos. Todas las cosas están en Dios y deben regresar a Dios, y Él actúa en todas las cosas. Dios es el creador y lo creado. Por ello, todo es Dios y Dios es todo. Te digo, pues, que no creas sino que comprendas, y que no adores, sino que practiques. ¿Lo ves?

"Te digo, pues, que todo aquel que mira en el Espejo de Dios verá la semblanza exacta de sí mismo, sea esto bueno o malo. Así será mientras permanezca abajo, en los tres mundos. Pero una vez que trascienda la cima de los tres mundos, a través del sendero de Eckankar, estará más allá de todo bien y de todo mal: más allá de toda relatividad, ahí donde el Alma no recibe ni castigo ni recompensa.

"El karma, entonces, es el principio que subyace a la responsabilidad personal. Todas las acciones y las reacciones son iguales pero de naturaleza opuesta. El karma es el poder que gobierna en el reino de la mente y la materia.

"El Espíritu Puro gobierna los mundos superiores. Ahí no existe el karma, porque la ley más elevada, la Ley del Amor, vale más que todas las otras leyes.

"Debes comprenderlo ahora. Todo hombre que busca equilibrar la ley de Dios debería primero prestar un servicio a cambio de aquello que espera obtener. Tal es la ley de este mundo, y jamás debe ser infringida.

"Para tener una perspectiva adecuada de lo que ves en el espejo, debes tener un corazón puro. Entonces puedes ver a Dios, porque Dios es tu propio ser, y tú eres Dios.

"Así que recuerda que vivir la vida inmerso en la alegría, como hace el pez en el río, es el más elevado de todos los atributos de Dios en este mundo. ¡Entonces verás tu propio y verdadero reflejo en el Espejo de Dios!"

Envuelto en profundos pensamientos, el buscador miró fijamente las llamas de la hoguera. La cortina de niebla se abrió de repente, y los rayos del sol cayeron sobre los pies del Gurú.

El corazón amoroso

l aire helado de la noche hizo que el buscador se arrebujara en su capa. El cielo estaba tan lleno de estrellas que parecía como si la luz de la luna estuviera derramándose sobre el río. Las hojas doradas y escarlata caían continuamente de los árboles, cubriendo la tierra.

El buscador y la muchacha caminaban lentamente a lo largo de la orilla del río, examinando el mundo en permanente cambio, y mirando las aguas que fluían, dirigiéndose siempre hacia el mar. El buscador observó a la joven que iba caminando delante de él, y pensó que el ritmo de su paso era diferente del de otras mujeres.

Al contemplarla, su corazón danzaba, porque ella poseía la belleza de Dios. Su voz era la voz del río, el murmullo del viento y el susurro de las hojas que caían sobre esa tierra tan antigua.

Ella dijo: "El anhelo por Dios descorre la cortina que oculta el misterio de Dios; y de los fragmentos de sabiduría que componen el entendimiento sabemos que nada, ninguna otra comprensión, puede superar lo que hay en nuestro corazón y en nuestra Alma."

"¿Acaso puede ser que la búsqueda de Dios sea la de dos Almas divinas que están juntas?", preguntó el buscador. "¿O es una alianza entre dos seres tan fuertemente enamorados que todos los ángeles del cielo se regocijan de su pureza? ¿Poseemos un eslabón dorado en ese lazo de amor invisible que se extiende a través de toda la eternidad?"

"No lo sé", contestó ella.

Vieron entonces, entre los árboles, la figura del Viajero con su túnica color marrón. Él se acercó y les dijo: "Ah, debo hablar con vosotros, amigos míos. Ésta es la noche para contaros acerca del corazón amoroso.

"Vosotros sabéis que la cualidad más grande de Dios es el amor. Porque el amor es la fuerza más grande y más sublime del universo. A través del amor, las cualidades divinas de Dios brillarán como la luz radiante del sol matinal.

"Os revelaré al oído, queridos míos, este divino secreto. Dejad que vuestros oídos se llenen de sabiduría y vuestros corazones de comprensión. Ahora, escuchad: todas las cosas gravitarán hacia vosotros si permitís que el amor entre en vuestros corazones, sin poner condiciones.

"Al obedecer este mandato de Dios, os convertiréis en inspiración y belleza para todas las criaturas hermanas, incluso aunque algunas jamás vuelvan a saber de vosotros. Por ello os digo que servir y cultivar el amor como un ideal es algo tan incuestionable como la tierna fragancia de las flores otoñales que crecen a lo largo de las riberas del río.

"Es, pues, mandato del Señor que miréis en vuestros corazones y veáis si la pureza habita en ellos. Si encontráis que esto es verdad, el Señor estará con vosotros por toda la eternidad.

"El amor inspira al corazón, primero como amor humano. Éste es el amor que desea servir a su amado, a su esposo, a su esposa, a sus hijos, a su familia, a sus amigos o a los ideales y las cosas de este mundo, durante su existencia aquí en esta vida.

"Entonces el corazón se refina a través de la acción desinteresada, y el amor te posee."

La dicha inundó al buscador como agua que brotara de una cascada, y el éxtasis hizo que una gran luz brillara en su interior y que estallara desenfrenadamente.

Sin aliento, con los ojos cerrados, se quedó contemplando los fenómenos que ocurrían dentro de sí mismo.

Más allá de la sabiduría

l buscador se sentó en silencio junto al río. La oscuridad giraba en torno a él como si fuera una corriente de viento, mientras las hojas del otoño caían lentamente sobre la tierra en un amoroso susurro de recuerdos veraniegos.

El buscador observó los pensamientos que había en su mente. Éstos iban y venían en extraños movimientos, expandiéndose como las olas del mar, haciéndose cada vez más grandes y avanzando hacia lo desconocido, hacia el espacio y el tiempo mucho más allá de su mente.

Esos pensamientos regresaban en una ola rugiente que golpeaba contra las orillas de su mente como un océano sacudido por la tormenta, y lo imprevisto de esto lo sorprendió. Fascinado, sin embargo, sabía que él no era el cuerpo físico sino alguna entidad profunda que observaba los extraños mecanismos de su cuerpo.

Supo que esas olas de la mente procedían de un solo lugar en su interior: un centro profundo en su conciencia, que él nunca antes había visitado. De repente, se dio cuenta de que ése era el lugar donde mora el Alma. Fue como el descubrimiento de otro mundo, cuya apariencia nunca antes había conocido.

Al abrir los ojos contempló el río oscuro que cantaba, y vio al tibetano sentado junto a la orilla. Al encontrar que esa gran Alma estaba con él, una corriente de alegría surgió de ese centro profundo en su interior, tocó algo dentro de Rebazar y regresó. Ese retorno le provocó al buscador una dicha súbita pero inmensa.

"¿Estás experimentando el ECK?", preguntó sonriente el tibetano.

"Hay algo que comprendo", contestó el buscador, al tiempo que sacudía la cabeza. "¡Pero no sé qué es!"

El Sat Gurú sonrió de nuevo. "Has experimentado el Alma dentro de ti. Mientras el hombre esté inmerso en lo emocional, mientras esté atado por las cosas de samsara, sus más elevadas energías divinas se derramarán hacia el mundo exterior en lugar de hacia adentro de sí mismo. Cuando el hombre se halla atado a semejante condición, no puede ir más alto, ni conocerá a su Ser superior.

"Por eso, antes de que puedas entrar en el Reino de los Cielos, es necesario que equilibres la escala de la armonía dentro de ti. Así ves que cuando el Alma ha llegado a la última barrera que la separa del estado puro de Dios, debe desprenderse de la mente.

"Mientras tu mente continúe contigo en su estado actual, inclusive el amor por la belleza le hará derramar sus energías divinas hacia el mundo exterior y desequilibrará las fuerzas del Alma. Te digo, pues, que vuelvas tus energías hacia adentro y recibas las bendiciones de Dios."

El buscador escuchó durante un momento las aguas cantarinas, y entonces habló: "Dime, Señor, ¿cómo se alcanza ese estado más allá del yo?"

"Ese estado se encuentra más allá de la sabiduría y más allá de todo, menos del amor." El tibetano extendió las manos. "Te digo que, cuando hayas alcanzado la sabiduría e ido más allá de la ilusión, brillarás entonces con gran esplendor, igual que brilla el sol sobre la tierra.

"Debes abandonar tu mente y tu cuerpo, y entrar al reino celestial en el cuerpo puro. No hay otro camino hacia Dios más que el sendero de Eckankar, y eso no se puede negar.

"Nada, salvo la bienaventuranza perfecta de Dios, existe en el verdadero hogar de los cielos. No tengo palabras de gloria para describir ese estado celestial. Resulta glorioso y lleno de paz para el Alma que mora allí, y nadie desea regresar a esta tierra después de probar la bienaventuranza de tu Señor. De manera que no debes buscar sino eso y, por otra parte, te digo que no lo busques, porque el Señor no te recompensará por tus actos, ya que en esta región no hay recompensa alguna, no hay bien ni mal. Debes abrirte camino hacia el cielo, soltando todas las amarras de este mundo.

"Nada puede compararse con la Luz pura de Dios; como resultado del encuentro con esta Luz, ella destruirá todos tus lazos kármicos y te ofrecerá refugio en Aquel que habita en el Cielo de los Cielos.

"El dolor y el sufrimiento existen en la mente y en el cuerpo del ser humano, hasta que éste encuentra refugio en la omnipresencia de Dios. Mientras que el ser humano no se decida a hacer esto, continuará viviendo en la dualidad de este mundo, y no podrá ser conducido hacia su ser divino interno, donde la comprensión de todas las cosas de las siete esferas del cielo se hace posible.

"Por ello te digo que debes examinar e inspeccionar todas las cosas, y dejarlas ir en un estado de equilibrio, a fin de no oscilar hacia la derecha ni hacia la izquierda, ni hacia arriba ni hacia abajo. Y entonces, habiendo aprendido a vivir en el centro del Alma, te regocijarás en la dicha perfecta de Dios.

"Pero mientras no aprendas a someter a tus sentidos, ¡no podrás vivir como Alma, dentro de tu ser sagrado!"

El buscador vio la gran sonrisa en los labios del

tibetano, y sintió la alegría del Alma que surgía dentro de él. Levantó la cabeza y rió lleno de felicidad, porque de pronto todo en este mundo parecía estar lleno de palpitantes olas de embeleso.

Rebazar Tarzs se le unió, y sus risas resonaron sobre las aguas del río. Los pájaros se alborotaron en sus nidos y se pusieron a cantar medio dormidos, y hasta los peces en las profundidades del río se detuvieron a escuchar con gran deleite.

El lenguaje de Dios

l buscador paseaba entre las altas espadañas por un sendero apisonado que dominaba el río. Las aguas engañosas golpeaban al pie de un terraplén de arena, donde el tibetano se encontraba sentado con los pies en el agua. El mundo era azul y dorado, y estaba lleno de una fiesta primaveral de flores y follaje.

El buscador se detuvo y expresó en voz alta sus pensamientos. "Ya no es necesario leer más libros. Con ello sólo le estoy dando voz a las ideas de otros. Ahora todo lo que necesito es mantener mi mente en Dios. Ya me di cuenta de que debo estar con Dios, y no hacer nada más que vivir en Dios y pasar largas horas contemplando en Dios."

"Sí, eso es verdad", replicó Rebazar Tarzs, mientras estudiaba los movimientos de un grillo que avanzaba lentamente sobre una hoja de hierba. "Esta civilización de la tierra ha hecho al ser humano blando y debilucho, y éste ya no puede pensar por sí mismo; tiene que dejar que otros lo hagan por él, que le digan qué hacer. Se ha vuelto débil y obeso en su ambiente protector."

"Yo pienso", dijo el buscador, "que el ser humano está tan absorto en vivir una vida de comodidades que ha sacrificado su salud y su vigor. Si tuviera la resistencia de los primitivos, ¡se produciría un profundo efecto sobre su espíritu al igual que sobre su carne!"

El Sat Gurú sonrió. "El ser humano debe reconquistar su espíritu aventurero, y entonces querrá vivir espiritualmente, de manera temeraria y peligrosa. Así no quedará atrapado en esa gran ansia de seguridad. ¿Seguridad? ¿Qué seguridad? ¿Acaso alguien tiene seguridad sin Dios? ¿No es la fortaleza del Espíritu la más grande seguridad?

"Todo esto se debe a que el ser humano ha olvidado el lenguaje del mundo celestial. Dios les habla a todos, pero ¿cuántos escuchan Su Voz? Ésta llega desde el interior del hombre y le habla de las glorias que existen más allá de este mundo terrenal; también llega en el viento, en las aguas de este río y a través de todas las voces de la naturaleza y del hombre.

"El ser humano se ha preocupado tanto por las insignificancias de la existencia que está cerrado a Dios. Por ello el Alma ha sido olvidada, y todo lo que provenga de Ella resulta tan confuso que la vida del ser humano se ha vuelto un oscilar constante entre los polos del dolor y el placer. Sin embargo, los pocos que verdaderamente han llegado a verse a sí mismos a la Luz de Dios, y cuya vida está en armonía con la guía de Dios, son llamados con razón los Mensajeros de Dios y son Sus Hijos Supremos, que hacen entrega de la verdad a toda la humanidad. Ellos son los Hombres Dios que caminan por la tierra.

"Así, pues, te digo que no desprecies al ser humano porque no puede ver su ser verdadero, sino bríndale compasión y misericordia. Está ciego, y debe permanecer en ese estado hasta que Dios tenga misericordia de él y envíe a un Santo para que le dé la Luz.

"El ser humano no puede entender el lenguaje celestial. Desde tiempos inmemoriales se la ha pasado hablando de Dios, y desde que aprendió el arte de la escritura se la ha pasado escribiendo acerca de Dios; y ha tratado de captar algún aspecto o atributo de Dios en la música, el arte y la escultura desde los albores de este mundo.

"Pero Dios permanece invisible para el ojo externo, demasiado espléndido para ser puesto en palabras, demasiado majestuoso para la canción o la música, y demasiado vasto y carente de forma para la pintura y la escultura. ¿Por qué? Te diré la razón. Es porque el ser humano no ha aprendido el lenguaje celestial de Dios, ni ha hecho intento alguno por comprender su verdadero significado. Los pocos que sí lo han hecho no han sido tomados en cuenta y han sido olvidados rápidamente, porque el ser humano, en tanto que ser humano, no puede comprender.

"Así, pues, te digo que alcanzar la sabiduría máxima es darse cuenta de la verdadera naturaleza de Dios. Y una vez que ésta se le revela al Alma, la lengua y la mano no pueden difundirla, ni tampoco confinarla a un cuadro o a una estatua.

"¿Cuál es, entonces, la esencia del verdadero lenguaje de Dios? El silencio es la clave para percibir esa comunicación extraña y sagrada que puede guiarte de regreso al reino del cielo. Así, en el lenguaje humano, lo más cercano sería rendir homenaje a los nombres sagrados de Dios, repitiéndolos para ti mismo.

"¿Qué más hay para decirte?

"¿Puedes acaso expresar la Verdad antes de que la Verdad te sea revelada como Alma? ¿Acaso obedeces a la Verdad en tu mente? Si es así, entonces deberías ser capaz de no expresar nada que no sea la Verdad, y así no tendrías necesidad de predicarla, sino que la demostrarías en cualquier aspecto de tu vida. Tal como dijo Jesús, deja que tu luz brille por delante de ti.

"El Alma que es libre irradiará la Verdad de Dios en su extraño lenguaje de manifestación celestial. Aquello que podrías llamar falso quizá no lo sea. Porque Dios ha hecho todas las cosas a partir de Sí Mismo y, por lo tanto, todas las cosas deberían estar por encima de lo falso. Solamente el silencio puro conducirá a la libertad del Alma y a la profunda gloria de Dios.

"Cuando veas la gloria de Dios, tu lengua quedará sin habla, nunca más te aferrarás a la tierra, y vivirás continuamente en el Paraíso. Y cuando debas hablar, ¡todo será expresado en el majestuoso lenguaje celestial del Sugmad, el Padre Todopoderoso!"

El tibetano sacó los pies del agua y comenzó a secárselos con la túnica. El grillo se acercó sigilosamente a la punta de la hoja de hierba, como si tuviera curiosidad de ver qué estaban haciendo esas grandes manos. Entonces chirrió dos veces, y el buscador lo miró asombrado, preguntándose si acaso el insecto había comprendido.

La Palabra celestial

odo iba bien con el buscador esa noche, hasta que el viento empezó a soplar. Había terminado su contemplación, y había hablado con el Maestro. Su vida estaba en orden, como siempre, hasta que el viento sopló esa noche.

Sí, todo iba bien, hasta esa noche en que se detuvo frente al oscuro río que fluía en un mundo donde una estrella ardiente iluminaba con una extraña luz las colinas y los valles, y brillaba sobre el agua con una gran belleza. Fue entonces, en la oscuridad, cuando escuchó por vez primera el sonido del viento que venía de más allá de las lejanas riberas. Era un zumbido grave y profundo que parecía ser parte de la misma oscuridad.

El buscador levantó la cabeza y escuchó. Dejó todo y permaneció ahí, escuchando. Muy pronto, todo lo demás había desaparecido: sus pensamientos, su vida, el mundo iluminado por las estrellas, todo había desaparecido, se había desvanecido. Lo único que quedaba era la oscuridad y el sonido.

Se volvió hacia Rebazar Tarzs, que estaba bajo el árbol. "¿Qué es ese extraño sonido como el viento, Oh, Maestro? ¿Qué puede ser?"

"Lo que escuchas proviene de tu ser verdadero, hijo mío", respondió el Sat Gurú y, señalando, dijo: "No hay ningún viento. Mira el río, y verás que el agua corre tranquila."

El buscador sacudió la cabeza. "Qué extraño. Me parece como si fuera el viento. Pero es una melodía cautivadora que viene de los mundos del más allá, un sonido sin forma que no puede ser encerrado en ninguna forma. Me hace desear a Dios."

"Háblame más de tus sentimientos", le sonrió el Maestro. "¿Qué escuchas?"

"No estoy seguro de lo que oigo. Escucho y el viento zumba, y el zumbido parece como si fuera parte de mi propio cuerpo y de mi cerebro. Pero luego cambia. Está fuera de mí. Fluye hacia mí proveniente de la noche que cubre a la ciudad, la noche que cubre a esta tierra. Viene de algún lugar muy lejano, del otro lado del mar, de algún continente . . ."

El tibetano se rió. "Sí, y de los mundos del más allá. Lo que escuchas es la Voz de Dios: la Palabra celestial, que es esa poderosa corriente espiritual que fluye eternamente desde el trono de Dios para dar sustento a los mundos de la creación cósmica.

"Todos los seres humanos pueden oírla si se detienen y escuchan. Sólo que algunos lo hacen con más claridad que otros. Es por eso que la escuchas esta noche: porque tus oídos espirituales están abiertos. Es por eso que estás allí de pie escuchando la Voz de Dios que te habla desde Su gran Trono en el más allá remoto. Está llamando para que tu Alma regrese a Su hogar verdadero. Y tu Alma ha escuchado el llamado y está ansiosa por volver.

"La Voz de Dios es esa Corriente Sonora que existe dentro del cuerpo cósmico del Señor y dentro de tu propio cuerpo. Algunas veces se le conoce como las cinco melodías o recibe muchos otros nombres, según las distintas religiones. San Juan habló de Ella en la Sagrada Biblia.

"La Voz de Dios es el lazo divino que une al hombre con el Sugmad Todopoderoso. Hasta que no comprendas que la incesante melodía interior que está dentro de ti es el camino por el que habrás de viajar para llegar al Hogar Eterno, tu lucha será en vano.

"La Voz de Dios es la verdadera Corriente de Espíritu, y es como el gran río que corre frente a ti: si intentaras desviarlo hacia algún lado, entonces fluiría hacia otro. Detenlo y desbordará su cauce. Así que es mejor abrir tus oídos espirituales y escuchar la música de las siete esferas conforme ésta fluye a través de ti. Ábrete y ábrele a Ella tu corazón y tu Alma, sin miedo y con alegría.

"Por lo tanto, te digo que es necesario contar con

la Luz y con el Sonido en tu vida espiritual. La Luz es para que el Alma viajera vea las trampas y los obstáculos en Su viaje hacia Dios, y el Sonido es para que el Alma siga el camino de regreso al Trono del Rey de Reyes. Así que debes hacer contacto con ambos aspectos de la palabra dentro de ti, y esto te es proporcionado por Dios y desarrollado por el verdadero Hombre Dios, para que el Alma viaje junto con el Sonido, paso a paso, hacia la tierra de la dicha pura y eterna.

"Una vez que has logrado el contacto mediante ECK con el vínculo divino, que es la Palabra de Dios, el Alma es literalmente arrebatada de Su templo de barro y elevada al Cielo de los Cielos de donde provino, con tal fuerza que el mundo en el que ahora vives se vuelve irreal y falto de interés."

Los ojos del buscador se esforzaban por penetrar el cielo oscuro, mirando fijamente la estrella reluciente y, más allá de ésta, la oscuridad. La estrella era blanca, pura y eterna: una antorcha brillante que ardía en la noche.

Se inclinó sobre la orilla del río. El Sonido inquietante lo azotaba y lo jaloneaba. Ya no parecía estar de pie sobre la tierra, sino suspendido en el espacio. Extendió su mano sobre el agua: sobre las colinas, hacia la estrella candente.

"Si tienes fe", dijo la voz del Viajero, "si tu corazón está listo, ¡entonces puedes seguir la Voz de Dios de regreso hasta tu verdadero hogar! ¡Puedes nuevamente viajar de regreso por el camino de Eckankar!"

La mente del buscador daba vueltas; la noche, la estrella y el mundo giraban a su alrededor. Empezó a caer en un abismo profundo y oscuro donde la oscuridad se fue haciendo más negra y profunda. Iba cayendo, alargando la mano, intentando asirse de alguna mano, tratando de alcanzar al Gurú. La estrella candente estaba frente a él . . . el Sonido rugía en su cabeza, y el buscador supo que ¡ésta era la Voz de Dios! ¡Esto era Eckankar!

El gran árbol de la vida

l buscador estaba sentado a la sombra del inmenso roble, contemplando la belleza del ancho río amarillo. Su mirada errante se posó sobre el pequeño pueblo cercano, con sus muelles, sus amplios pórticos y la gente que se ocupaba de sus quehaceres.

Podía sentir la vieja y sudada tierra de este mundo, así como sus colores y sus olores. Eran tonos suaves, tan engañosos como el magnífico río que se deslizaba con gracia entre las colinas de azul intenso, avanzando hacia el mar. El viento frío de la primavera murmuraba entre las hojas de las gigantescas ramas del roble.

El buscador dijo con voz suave: "Contempla el roble en toda su gloria. Él es como Dios, arraigado firmemente en la tierra, pero elevándose, sin embargo, hacia el cielo."

"Sí. Tienes razón", replicó el tibetano, frotándose la barba. "El hombre no es más que el ave que construye su nido en las ramas del roble y busca refugio del viento y del sol. Nada es un problema para el roble. Él es su propia ley."

El buscador dijo: "El roble se asemeja al hombre en que, si no vive en armonía consigo mismo, ¡no puede vivir en armonía con Dios!"

"La belleza es como el roble", dijo Rebazar Tarzs. "Es esa armonía entre la alegría y el dolor, que comienza en el cuerpo del hombre y termina más allá del alcance de su mente. No es más que una prueba para el cuerpo y un regalo para el espíritu.

"Éste es el poder que guía al corazón del hombre hacia el de una mujer, que en esta tierra es el trono de Dios. Y el amor es ese licor sagrado que Dios ha extraído de Su gran corazón y ha vertido en el corazón del amante, para su amada. ¡Aquel que puede beber este licor es puro y divino, y su corazón ha sido limpiado de todo, menos del amor puro! Por eso digo que el amante cuyo corazón está ebrio de amor, está ebrio de Dios.

"Vive tu vida, hijo mío, vívela plenamente con todo su amor y su dolor. Que ésta sea tu comprensión en Eckankar. Comparte tu copa con tu amada, y nunca dejes de ayudar a los tuyos en sus penas y en su sufrimiento. Ésta debería ser tu ley interior, hijo mío.

"Por eso te digo, compadécete de tu hermano que sólo puede ver con sus ojos, y no ve más que la luz del sol, la cual, según él, alumbra el mundo para su maldad. Él está ciego, aunque tenga la vista más aguda de todos. Y ten piedad de aquel cuyos oídos no pueden escuchar nada más que las calumnias de sus vecinos. Incluso si puede oír a los peces que nadan en el río, ¡está sordo!

"Compadécete de aquel cuya boca está hecha para tragar rica comida y mantener su estómago lleno; porque aunque quizás aprecie los alimentos finos, no posee el verdadero conocimiento de que el pan no basta para el cuerpo del hombre.

"Y apiádate de aquel cuya lengua no puede hacer más que hablar mal de su vecino porque, aunque posea una gran elocuencia o una lengua plateada para la palabra, carece de la bondad propia de Dios.

"Por último, compadécete de aquel que usa las manos para herir a las criaturas de Dios; porque aunque sus manos sean suaves, no es bueno de corazón y no puede recibir la misericordia de Dios, mientras no aprenda que toda creación es creación de Dios.

"Toda la vida está desnuda, hijo mío. Así que debes observar y mantenerte cubierto de pureza: el verdadero manto simbólico de Dios que te hace humilde ante todas las criaturas y ante tu propio Señor Todopoderoso, el Sugmad. Por ello, si el dolor es el purificador oculto que te mantiene limpio, entonces no temas a Dios porque Él te está quitando aquello que es malo dentro de ti.

"Sé como el viejo roble bajo cuyas ramas estás sentado. Levanta la cabeza y el corazón hacia Dios, pero mantén tus raíces firmemente aferradas a la tierra; y bebe de este suelo, y haz de la muerte y de la felicidad tus compañeras. Ama a Dios y dale lo que nace de la pureza del corazón, que ha sido limpiado por el sufrimiento. Aumenta tu anhelo por Él y exáltalo con un deseo sagrado, y no realices acto alguno en tu vida sin antes preguntarle a Dios.

"La gloria final del hombre es como la copa de un árbol que ha ascendido a los cielos desde sus raíces hasta el cielo divino, por encima de todos sus compañeros árboles, y ha ido más allá de la dualidad de la tierra hasta la unidad del espacio verdadero, de la luz y el aire.

"La verdad es la única fuente de conocimiento y el hombre es el espejo de la Verdad. No obstante, el hombre no puede recibir más de lo que el Alma puede contener. ¡El hombre refleja lo que está dentro de sí, y tú debes ser el diáfano espejo que refleja la Verdad!"

El Viajero dejó de hablar y cerró los ojos. Parecía dormir.

El buscador contempló sobre lo que el tibetano había dicho. La dulce sombra del roble se balanceó detrás de Rebazar Tarzs, y una luz brilló sobre la piel morena de sus pies descalzos.

La pureza

ué es la pureza, Señor?" preguntó el busca-dor, mientras miraba a una vieja grulla que estaba pescando en la punta adormecida y poblada de sauces de la isla, donde varios remolinos pasaban girando lentamente.

"La pureza es la verdad del Alma que mora en Dios, hijo mío", contestó Rebazar mientras se acercaba al buscador. "Cuando el hombre purifica su conciencia, empieza a caminar directamente por el sendero de Dios, a través de la vía de ECK. Si buscas las cosas de este mundo permanecerás en la oscuridad, aunque puedas tener muchísimas cosas materiales.

"Pues ¿de qué le sirve a un hombre adquirir posesión del mundo entero si pierde su propia Alma?"

El buscador sacudió la cabeza. "No conozco los misterios del más allá, oh, Señor. ¡Por favor, enséñame!"

El tibetano sonrió y dijo: "Una y otra vez, Dios envía a Su hijo supremo al mundo, con el fin de revivir la tan frecuentemente olvidada Prada Vidya (el conoci-miento de Dios) y de poner énfasis en la importancia que ésta tiene para el ser humano.

"Pero el hombre se olvida de Dios. No se da cuenta de que el hecho de que la luz provenga de la luz, y la vida de la vida, forma parte del conocimiento y de la experiencia universales. Dios es Luz y vida a la vez. Es la fuente de ambas, y todas las criaturas viven en Él, y su luz proviene de Él.

"Así, pues, te digo que si buscas la Luz en este mundo, entonces este mundo se volverá luz para ti, y toda la oscuridad de la tierra y sus ilusiones se desvanecerán. Entonces, la Voz de Dios te hablará, con cada palabra llena de sabiduría y comprensión divina, y tú trascenderás todas las cosas de este mundo.

"Dios sólo puede darles la Luz a aquellos que son puros de corazón. Mientras no derribes la barrera de tu ego, la Luz no llegará a ti. No es posible darte ningún mensaje, e intentar hacerlo sería un esfuerzo inútil para el maestro. La verdad no es más que una lanza, y aquellos que no están listos para la verdad de Dios se herirán con su punta.

"Por eso te digo que si no estás purificado, entonces no eres fiel a ti mismo, y eres incapaz de darle la verdad a otros. De ahí que cualquier hombre que desee impartir la verdad o hacer el trabajo de Dios debe primero ser fiel y leal a ese ser divino que está dentro de él.

"La pureza exige lo más elevado dentro del ser humano. No puedes difamar, ni puedes ver el mal en los demás. Si buscas lo bueno en aquellos que te rodean, harás que surja lo mejor que hay en ellos, y lograrás que tu prójimo manifieste sus buenas cualidades. Pon tu atención en lo bueno que hay en tu prójimo y exaltarás lo bueno en él, y ésto hará brotar lo bueno en ti mismo. Tus buenas cualidades no se manifestarán a menos que las veas en el mundo que te rodea.

"No escuches a quien predica la maldad o actúa con ella, para que no provoques tu propia ruina, pues el error es tuyo por escuchar a tal maestro. Ábrete a recibir el mal, y al hacerlo te unirás a aquel que lo predica. Sí, es verdad que existen granujas inclusive en las órdenes espirituales, pero tuyo es el error si te ganas su favor. Usa tu discriminación y asóciate sólo con los buenos. ¡Así te purificas!

"Entonces, no desees para los demás lo que no quieras para ti, pues con esto atraes hacia ti aquello que no es parte del Alma, y no estarás dando nada que sea parte de ti. Toma el atajo hacia Dios y da de ti mismo a todos.

"Para ser puro, entonces, vuélvete humilde y bondadoso ante tu Dios y ante tu prójimo. Resalta las buenas cualidades en todos tus semejantes y serás exaltado, porque Dios les da sólo a aquellos que viven para sus semejantes.

"Para volverte puro debes hacer tres cosas: primero,

mantén constantemente en tus labios el canto de los nombres sagrados de Dios; segundo, haz todo en el nombre del Sugmad, tu Padre y, tercero, ama al Sugmad con toda tu pasión y también a tu prójimo. Estas tres prácticas espirituales te harán puro, hijo mío.

"Si conoces estas verdades espirituales y no las practicas, serás como alguien que ha encendido una linterna y cierra sus ojos a la luz. Así, pues, te digo que tú eres la luz, y has de aprender las verdades espirituales. Pero no las practiques sólo en tu mente, sino manifiéstalas y actúa de acuerdo con las verdades espirituales que yo te enseño aquí, porque de nada sirve pensar en ellas si no las pones en acción espiritual. Estas verdades espirituales te harán puro y transformarán tu vida, si haces lo que te digo.

"Así que escúchame. La Luz pura de la conciencia espiritual es la verdadera Luz de Dios. Ésta es la Luz que Dios les da a los seres humanos. Los Hombres Dios, los verdaderos hijos del Ser Supremo, son los afortunados que pueden habitar en esa Luz todo el tiempo. La comunión entre Dios y Sus hijos verdaderos es continua. ¿Lo ves?"

El tibetano se sentó bajo el roble y cerró los ojos. El buscador miró a la grulla que pescaba en la punta de la isla y sopesó las palabras de su maestro.

El sermón en
la plaza del mercado

ebazar Tarzs se paseaba majestuosamente por el mercado de Srinagar, seguido por el buscador. La primera luz de la mañana era todavía una bruma gris que se elevaba sobre las colinas de Cachemira, más allá del río. Las esbeltas mujeres vestidas de sari ya habían llenado sus puestos recién barridos con flores cultivadas en sus jardines, arroz y hortalizas.

De pie junto a los puestos, los hombres taciturnos observaban al tibetano con sus ojos oscuros, llenos de admiración. Cuando él iba pasando junto a un grupo de esos observadores silenciosos, uno de ellos se abrió paso y detuvo al Hombre Dios.

"Si eres una gran Alma", le dijo, "danos la Verdad de Dios."

El Maestro sonrió alegremente. "Ah, la verdad de Dios. ¿Así que os gustaría conocer la verdad? ¿La verdad real? Pero, ¿quién puede explicar las glorias de Dios con palabras?"

El hombre dijo en tono defensivo: "Hemos sufrido mucho, gran maestro. Aquí nunca había venido nadie a enseñarnos. La Verdad, dicen, está más allá de la expresión verbal del hombre. Si tú puedes comunicarnos tan siquiera una parte de lo que has comprendido, llegaremos a saber cuál es tu propósito, y eso nos conducirá a la etapa en la que tal vez podamos alcanzar una realización más plena."

"Eso es verdad", dijo Rebazar, extendiendo sus manos. "Pero la verdad ha existido siempre, no tiene principio y es indestructible. Carece de naturaleza alguna, salvo como la voluntad de Dios, y no pertenece a las categorías de las cosas que existen o que no existen. Tampoco tiene forma ni apariencia.

"Por lo tanto, os digo que hay tres factores que operan en la filosofía de la Verdad de Dios: la causa primordial y el dador de vida es el Espíritu o la Palabra, o la Corriente Sonora; el segundo es la mente y el tercero, la materia, de la cual están hechos el cuerpo y los sentidos, como instrumentos de la acción.

"De este modo, toda la creación por debajo de la segunda gran división está compuesta de dos partes, que son: el Espíritu, que es todo bueno y puro, y la materia, que es siempre la parte negativa del Espíritu.

"Amigos míos, es necesario que sepáis que no sois más que una gota del océano de la misericordia y el amor de Dios, y éste es, os digo, el Ser Supremo Mismo. Vosotros, como una gota del Espíritu puro, estáis tan mezclados con la materia que os encontráis en cautiverio, y debéis ser liberados de ella. A menos que os ayude un Hijo Supremo, estaréis siempre expuestos a ceder a las tentaciones, y os deterioraréis y os hundiréis en lo material.

"La materia es necesaria para la vida del Espíritu en el reino inferior. Si no fuera por la materia, Dios sería un inmenso océano que llenaría todo el espacio. Antes de la creación, todos los Espíritus yacían a los pies de Dios como una masa inmanifiesta. Estos Espíritus no podían tener una forma separada, ninguna individualidad ni existencia individual, más que a través de una mezcla con la materia. Por ello, no podían obtener conocimiento alguno respecto de su verdadero ser en Dios. Así como el fuego es necesario para encender cualquier sustancia inflamable, así se requiere del Espíritu para darle vida a la materia. A la muerte de cada criatura, el Espíritu liberado simplemente cambia su envoltura material o, en otras palabras, establece Su residencia en la forma viva de otra criatura.

"Por lo tanto, os digo que un devoto, cuando se funde con la Corriente del Espíritu del Ser Supremo, es como este Espíritu liberado, y puede asumir su individualidad en cualquier forma que desee, tal como le plazca.

"El Alma es como una copa que está boca abajo y no puede recibir las aguas del cielo. El Viajero Espiritual aparece y voltea la copa para que ésta pueda ser llenada; de esta manera el Alma se empapa de la Corriente Sonora espiritual y se santifica.

"La Corriente Sonora divina está compuesta por cinco acordes melódicos conocidos, y constituye el vínculo entre el Alma creada y el Creador. Ella es la escalera por la que el Alma sube en Su viaje hacia el más elevado reino de los cielos.

"Si vosotros, buscadores, deseáis convertiros en Dios, no necesitáis estudiar nada de esta naturaleza mundana. Estudiad sólo cómo no buscar y cómo no aferraros a nada. Si lo único que buscáis es a Dios, entonces sólo necesitaréis a Dios, porque Él os dará todo lo que necesitáis en esta vida.

"Y cuando paséis de esta tierra al reino celestial, ahí tendrá Dios a Sus ángeles para que os cuiden, y para ayudaros a que os liberéis del exceso de equipaje que hayáis llevado con vosotros.

"Así, pues, os suplico, buenos amigos, ¡buscad a Dios dentro de vosotros mismos, y rezad porque Él llene vuestras copas hasta que éstas se desborden!"

El tibetano se dio la vuelta y se alejó caminando,

seguido por el buscador, quien se percató de la brillantez del mercado. Se preguntó, entonces, qué hacía que la Luz brillara dentro del recinto, y de dónde provenía esa Luz, pues el sol aún no había salido.

La libertad

l buscador permaneció de pie en el campo, junto al río, contemplando detenidamente y con ternura a la muchacha, mientras la luz del sol brillante coloreaba el mundo de amarillo y verde.

La risa de la muchacha resonaba cristalina en el aire, y entretejía sus ecos con una brisa alegre; su mirada era amable, a ratos distante, a ratos suave y tierna. El buscador sintió, en el Alma y en la piel, el contacto de las manos de ella sobre sus hombros.

El mundo giraba y bailaba de cabeza, y se ensanchaba en el horizonte, donde las nubes blancas flotaban muy bajas. El buscador no veía más que los ojos de la mujer, y el amor que brillaba en su frente.

La voz del Maestro les habló. Al darse vuelta, lo vieron parado serenamente entre la hierba alta. "Si buscas amor, lo encontrarás verdaderamente en el corazón de una mujer", dijo. "Sí, pero no es en sus besos donde encuentras su más grande amor, sino en su corazón. Su beso es sólo el símbolo de aquello que Dios envía a través de su corazón. Porque, en efecto, la mujer es el instrumento más grande de Dios.

"Así, pues, te digo que busques únicamente lo más elevado en tu amada. Al encontrar su verdadero amor, encontrarás la libertad; y al encontrar este gran atributo encuentras la humildad. Porque la libertad más grande del Alma está en la humildad.

"Si amas a tu mujer tan sólo por la conquista masculina, entonces no tendrás ni el amor ni la liberación del apego. Habrás perdido toda la dicha, ya que crees en las cosas que no existen, y no hay libertad para ti, porque lo que siempre estás buscando, sin que lo sepan tus sentidos, son las vías para romper las cadenas del apego.

"El amor nunca es verdadero, si el amante no posee al menos dos cualidades divinas: la gratitud y la pureza, y si no las posee, entonces sólo logrará acarrearse infortunios.

"El grado y la naturaleza del amor de un hombre por Dios, a través de una mujer, se extiende hasta las más elevadas cimas del Espíritu. Si el hombre no logra comprender la naturaleza de la mujer, la cual está más allá de este mundo, entonces habrá fracasado en su búsqueda de Dios; porque la mujer, si conoce su naturaleza, puede conducir al hombre hacia Dios. Tal es su deber y su responsabilidad en este mundo.

"La mujer debería ayudar a su amado a desarrollar las cualidades de la libertad y la independencia del cuerpo, de la mente y del Alma. El hombre debería ayudar a la mujer a desarrollar las cualidades del amor y la pureza. Si estas cualidades florecen en ambos, y ellos las respetan mutuamente, se elevarán juntos por encima de este mundo, hasta el reino del cielo.

"El amor por una mujer debería darle al hombre un amor más grande por Dios; y al desarrollar un amor más grande por Dios, el ego del hombre se disolverá, y su yo limitado y pequeño será superado, y él encontrará lo trascendental del Señor.

"Así, pues, os digo a ambos que busquéis la luz del día cada mañana, pues todo el pasado debe olvidarse, y cada día debe ser un nuevo comienzo en el camino de Dios. Recordad que a la mujer de Lot se le advirtió que no volteara a mirar su pasado, y es bien sabido que Lot mismo fue en parte responsable de la transgresión de su mujer, y que él también sufrió. Mantened vuestra visión fija sobre el futuro en la eternidad, y olvidad los errores del pasado.

"Amigos míos, no se os puede enseñar nada que no esté ya oculto, como conocimiento potencial, en el proceso de desarrollo de vuestras Almas. Toda la perfección del yo exterior no es más que la realización de la perfección eterna del Espíritu dentro de vosotros.

"Para que el amante se convierta en un hombre de Dios, lo cual constituye su meta final, la mujer debe alentarlo y ayudarlo a olvidar lo que siempre cree que quiere ser. Para que él pueda encontrarse debe salir de sí mismo y, para que viva, debe morir. ¡Esto se aplica también a la mujer!

"El amor es como un fuego lento y devorador que se inicia en el centro del corazón del hombre y, lentamente, surge hacia afuera, destruyendo todo lo que se interpone en su camino. Nada puede detener al amor, e incluso cuando parece haberse extinguido, resurgirá en otra parte. Sucede lo mismo con la libertad.

"El amor llega primero al corazón y, luego, con el desarrollo del amor alcanzáis la libertad; entonces, con la libertad se obtiene toda la verdad. Ya que, después de todo, la verdad contiene todas las cosas y, sin embargo, el hombre, en su estado en este mundo puede desarrollarse de manera singular. Por lo tanto, es mejor empezar con la virtud del amor.

"Si Dios os quiere para algo, no hay nada que podáis hacer al respecto. Os atraerá hacia Él de una manera u otra, sin que jamás os deis cuenta. A Él no le importa si es a través del corazón de una mujer o de un niño.

"En verdad os digo que nada más importa. Amaos

el uno al otro, pero amad aquello que es vuestro Dios dentro de vosotros, y entonces encontraréis el amor duradero."

Dicho eso, el Sat Gurú se dio la vuelta y caminó por el campo hacia el río, mientras el buscador y la muchacha lo miraban. Sus rostros estaban iluminados por un resplandor divino.

El temblor
de una estrella

l buscador y la muchacha estaban sentados bajo un árbol junto al río, contemplando los millones de estrellas que salpicaban los cielos como joyas brillantes. El rostro de la muchacha resplandecía extraordinariamente a la luz de las estrellas. El perfume primaveral de un campo de flores cercano flotaba en la brisa suave que agitaba el agua, mientras ésta chapaleaba contra el banco de arena.

La muchacha susurró suavemente: "Mira. ¡Mira esa estrella!" Él levantó la cabeza y dirigió su mirada hacia la maravillosa estrella que brillaba intensamente entre las copas de los sauces. Él pensó que ésa era la estrella que les pertenecía, pero no pudo hablar porque los labios de ella contenían más promesas que sus propias palabras.

Volviéndose hacia Rebazar Tarzs, le preguntó: "Maestro, ¿qué hay de esa estrella?", al tiempo que retiraba su brazo de los hombros de la muchacha. "¿Qué hay de ésa tan brillante que tiembla en el cielo sobre las colinas?"

"La estrella de Dios", replicó el tibetano, mirándolos intensamente con ojos que resplandecían en la oscuridad. "Esa estrella en particular es sagrada para la leyenda de la Pascua, cuyo día amanecerá en pocas horas. Ésa es la estrella que centelleaba con tanto brillo cuando el Señor Jesús fue resucitado, en aquella extraordinaria mañana de hace tantos siglos. Ella fue el heraldo que le anunció al mundo que la muerte había sido vencida. Así como la estrella de Belén fue la señal para todos de que había nacido un salvador, así también Dios colocó otra estrella en Su cielo por la resurrección del hijo al que el hombre había crucificado.

"Os digo que las estrellas mismas en el cielo matutino tiemblan de beatitud celestial en memoria de ese día glorioso, cuando Jesús le mostró al mundo que la muerte podía ser superada.

"Sin embargo, el hombre no sabe estas cosas. Nosotros no alimentamos con la verdad al que no cree, porque si se hace eso, el hombre atacará a aquel que le da la palabra de Dios. Cada uno de nosotros tiene un deber para con Dios en este mundo, y aquellos que son capaces de llevar a cabo una parte pequeña o grande de ese deber son realmente benditos.

"Así, pues, la lucha más grande del ser humano es contra el error que comete al no tratar de evitar o superar la ignorancia o la oscuridad del mundo. Para que ésta sea superada se requiere de sabiduría, y la mejor forma de adquirir sabiduría es mediante el empeño incesante. Y eso no se logra más que a través de la contemplación.

"La estrella brillante que tiembla en los cielos esta mañana es un antiguo símbolo de todo el universo cósmico. Porque cuando el Señor envió a un hijo divino a este mundo, lo hizo para probar que los humanos también pueden vencer a la muerte, como lo hizo Jesús; y cuando el hijo divino atraviesa por el proceso de la muerte, como todos nosotros lo hacemos diariamente con la práctica de ECK, el universo entero pasa por un proceso de regeneración. Cualquier cosa que una gran Alma como Jesús haga sobre esta tierra afecta a la humanidad a lo largo de toda la vida de la tierra.

"La estrella representa un canal divino a través del cual el Señor difunde los rayos de amor sobre el mundo, y esas vibraciones sagradas tocan a todas las criaturas de Dios y las despiertan de nuevo a su destino, que es, por supuesto, el gran plan cósmico para que surja en el hombre el deseo de descubrir su verdadero destino en la eternidad.

"Por lo tanto, digo que cada Hijo Supremo que llega a este plano lo hace por su propia y libre elección, para ayudar a sus semejantes. Él no necesita asumir el atavío mortal y sufrir, porque en verdad es privilegio suyo estar sentado a los pies de Dios por toda la eternidad. Sin embargo, eso podría servir a su propósito en este mundo, para obtener mayores experiencias en el servicio de Dios, sin pensar jamás en recompensa alguna; y aun así, su recompensa va más allá de cualquier concepción de la mente humana.

"Os preguntáis qué es un hombre de Dios.

"Os digo que un hombre de Dios es aquel a quien no le afectan los cambios que puedan ocurrir a su alrededor. Él es el mismo, ya sea en tiempos de tormenta o de calor, de oscuridad o de luz; él mantiene su sentido del equilibrio y sus valores suceda lo que suceda. Así, pues, os digo que mientras el nacimiento sea necesario en vuestra vida, habrá necesidad de resurrección.

"Cuando las Almas evolucionan hasta este punto, se liberan de la Rueda de la Vida y ya no necesitan encarnar en esta tierra; con ello se termina la necesidad del nacimiento y de la muerte. Así que el conocimiento más grande es el de la Conciencia de Dios. Al haceros uno con el ECK, sois liberados de la Rueda de la Vida.

"La estrella de Dios tiembla esta noche porque vosotros dos habéis renacido en el reino de los cielos. Os habéis encontrado a vosotros mismos en los remotos mundos del reino cósmico.

"¡Si camináis por el camino medio de la comprensión, llegaréis al final de la rueda mundana del nacimiento y de la muerte, y seréis como la estrella que tiembla en el cielo de esta madrugada, o como el río que fluye entre las colinas y por el valle, hasta vaciarse en el mar!"

El buscador miró de nuevo la estrella temblorosa, y se quedó pensando. Sintió cómo la mano de la muchacha tomaba la suya, y ella se recargaba en su hombro. Él pensaba que éste era el mundo de su vida y que nada más importaba, aparte de ellos tres. Sin embargo, muy pronto el Viajero lo enviaría al mundo a cumplir su misión.

No hay amor más grande

acía calor entre las hileras de cruces blancas del pequeño cementerio a las afueras de la ciudad. El buscador podía percibir el aroma de los ciruelos en flor que crecían en torno a una pequeña iglesia situada sobre una loma. El buscador vio al Maestro que se paseaba entre las tumbas, estudiando las inscripciones de las lápidas.

En el viejo cementerio, abril siempre traía consigo el agudo peso de la tristeza y la melancolía, y su belleza se fundía con la realidad de los recuerdos del buscador. Éste miró las aguas del río que resplandecían bajo el sol como diminutos destellos de oro espejeante. A lo lejos, el horizonte de picos nevados era una masa de colores que recordaban la alegría de un carnaval, y en parte estaba cubierto por una bruma azul.

El buscador llegó junto al Maestro y vio que aquella gran Alma estaba estudiando una lápida cuya inscripción decía: "No hay amor más grande que el del hombre que entrega su vida por otro." El buscador explicó que ésa era la tumba de un indio de casta baja que había dado su vida para salvar a un niño blanco que se estaba ahogando en el río.

El tibetano dijo: "Es verdad que cuando un hombre da su vida por otro, será salvado. Esa Alma tocó el poder invisible que llamamos el mar de la vida. Al hacerlo, ¡se ganó la misericordia y la gracia de Dios!"

"A mí me resulta extraño que la belleza de la vida no se pueda medir con meras actitudes y opiniones", dijo el buscador, mientras escuchaba el chirriar de los grillos entre la maleza. "Como el amor es la más grande de todas las cosas, el hombre siempre está en su búsqueda."

"El amor es Dios", replicó Rebazar Tarzs. "Cuando deseas bañarte en el río, te vas a la orilla donde el agua es poco profunda, y dices que te has bañado en el río. Así, para amar y recibir el beneficio real del amor de Dios, debemos renunciar a ese yo finito que está dentro de nosotros y realizar actos por el bien de nuestros semejantes. Tal es la razón por la que esa Alma ha sido honrada por su prójimo y goza de la beatitud con Dios en el cielo. Ella dio sin vacilar.

"El amor es la esencia, el espíritu, el alma y la vida de todo lo que existe o parece existir y, en sí, es inmutable e inmortal.

"El amor es lo más sublime, ya que tiene su origen en la Casa de Dios. En cualquier corazón donde el amor florezca, esa Alma será elevada y conducida hacia el recinto más alto del Supremo Sugmad. Todas las virtudes y bondades gradualmente encontrarán su verdadero hogar en el corazón donde habita el amor, y todas las demás cualidades se marchitarán y morirán.

"Así, pues, te digo que donde habita el amor puro se forma un vínculo con el Espíritu, o la corriente del amor, desde Su fuente: el Manantial Divino.

"Si tienes un amor sincero por Dios serás atraído hacia éste mediante la gracia, la misericordia y la sagrada Luz, que irá iluminando gradualmente tu propio ser y, entonces, todos los deseos exteriores irán despareciendo poco a poco.

"El amor, digo, no tiene ataduras, no conoce restricciones y no está limitado por condiciones. Al igual que su fuente, que es Dios, el amor es omnipresente, omnipotente y omnisciente en todos sus resultados benéficos.

"Cada oleada de amor que surge en el corazón del amante le aporta buenas nuevas y alegría de parte de su amada, y cada pensamiento que brota de un corazón así es una señal de buenas obras y de servicios en beneficio de su amada.

"Dios ama y cuida especialmente a aquellos que lo aman con todo su corazón y su Alma, y gradualmente los va atrayendo hacia Él, que es el centro de Luz pura.

El amor es sagrado y puro en su esencia, y el hombre debe habitar por siempre en esa Luz.

"Si conquistas a maya, o la ilusión, te volverás entonces el amo de tu vida y de tu muerte, y serás una luz para todos en este mundo, un libertador para aquellos que están buscando, y no habrá ya distinción alguna entre Dios y tú en el Reino interior.

"Para acercarte a la fuente del amor, primero debes acercarte a la Corriente del Espíritu, unirte a ella y seguir su curso de regreso a la Esencia Divina. La vía hacia Dios está dentro de tu propio cuerpo.

"La verdadera filosofía es aquella que conduce al buscador a la región del amor sublime y le enseña el camino para viajar a través de las regiones donde prevalecen las verdades falsas y las verdades comparativas, hasta alcanzar la casa más sublime de Dios.

"Así, pues, te digo que al hecho de alcanzar el conocimiento y la realidad del amor en la esfera más elevada del cielo se le llama la salvación verdadera y perfecta."

El Sat Gurú se alejó de la tumba por entre las hileras de cruces hacia la pequeña iglesia, mientras el buscador lo seguía, maravillado ante las palabras que resonaban en su interior.

La muerte

l buscador estaba de pie a la orilla del río, observando cómo el sol asomaba su cabeza dorada sobre las lejanas cimas de los Himalayas y lanzaba largos rayos de luz sobre las aguas anchurosas que fluían hacia el mar.

Un sentimiento extraño surgió dentro de él, como si estuviera siendo resucitado de la muerte y se encontrara al borde mismo de un mundo desconocido, que todavía le faltaba explorar. Él estaba saliendo de la oscuridad hacia la luz.

Dándose vuelta, le dijo al tibetano: "Yo, Alma, estiro la mano en la oscuridad, oh Señor, búscandote siempre en la luz del sol naciente, pero no te encuentro."

"Es como si la muerte hubiera cubierto tu cuerpo y tú buscaras nuevamente la luz, y la encuentras al buscarla", replicó Rebazar Tarzs. "La muerte es sólo un tránsito del Alma a través del velo de maya hacia una luz más brillante. Por así decirlo, encontrarás la muerte en todos los planos."

El buscador exclamó apasionadamente: "Maestro, tómame en tus manos y témplame. Hazme como el fino acero de la herradura de una yegua dorada. Dame el esplendor de tus bendiciones, de tu misericordia y de tu conocimiento."

"Te hablaré de la muerte", dijo el tibetano. "Te daré la verdad de Dios, para que puedas comprender y saber. Deja que te ilumine.

"La verdadera filosofía es aquella que conduce al buscador sincero hasta la región de la verdad. Así, pues, te daré la verdad y pondré tus pies en el sendero de ECK hacia Dios. El conocimiento sin el amor a Dios es vano y tiende hacia la oscuridad. El amor dirige todo hacia Dios, e incluso vence a la muerte.

"Así, pues, te digo que es algo sabido que la muerte de tu templo de barro es sólo el comienzo de la vida, para que tú realmente conozcas a Dios. Si practicas lo que te digo, ya no le tendrás miedo a la muerte, y todo lo que es se vuelve sagrado. Te percatas de que el único gozo verdadero consiste en escapar de tu yo pequeño y limitado. Mientras no ames a Dios con todo tu corazón y tu Alma, este mundo estará lleno de contradicciones.

"Llénate de Luz, y la muerte no podrá tomarte por sorpresa. Pídele a Dios la Luz y el Sonido para vivir en paz. Sé humilde y cuida que el Alma esté llena con la simplicidad del amor. Entonces, tu propio Ser verdadero, la chispa divina, que eres verdaderamente tú, será lo único que perdurará, y el resto de ti será desechado para alcanzar el Ser Verdadero, que es tu verdadero Ser.

"Escucha mis palabras, oh buscador, porque yo no hablo más que la verdad. Tú te llenas de la Luz cuando descubres a Dios dentro de ti, y cuando Dios se abre a tus sentidos. Como tú no puedes entrar en Su Reino, porque por ti solo no conoces el camino, entonces debes depender de la misericordia del Bendito, porque Él envía a Su hijo para que te muestre el sendero de ECK de regreso a casa.

"Si sabes que la muerte es tan sólo una ilusión, no hay necesidad entonces de que tengas miedo. La verdad te sostiene, y este templo de barro se disuelve cuando el cuerpo físico se desgasta; pero el Alma, que debe Su origen, vida y crecimiento a Dios, permanecerá para siempre en la más elevada mansión del Señor.

"La primera forma perfecta y original creada por la Corriente Espiritual es esa que el hombre busca para la perfección. Pero esta forma perfecta está dentro de ti; no necesitas de la muerte para verla y aprender de Ella. Es obra de la creación de Dios, no puede morir nunca, y siempre esparce Su luz ante el mundo.

"Dios es un océano ilimitado de Espíritu y de amor, y el hombre, al ser una gota de este océano, jamás puede morir, y será siempre como el pez en el río, que nada eternamente en el océano de la misericordia y el amor de Dios.

"Así, pues, te digo que el amor puro y sagrado está siempre dispuesto a dar todo lo que posee únicamente por amor y por el beneficio de sus semejantes, sin esperar recompensa alguna. Por ello, si el hombre está lleno de pureza, entonces piensa y vive en la sabiduría de Dios. No necesita mucho más en su vida.

"Así que para obtener vida primero debes morir, y al morir en este cuerpo físico encontrarás la vida divina. Si no puedes morir una vez en este templo de barro, entonces no puedes morir todos los días, como dice San Pablo en la Biblia. Al morir cada día eres capaz de volverte uno con Dios, de ser tu Ser verdadero; porque el secreto de tu identidad está escondido en el amor y la gracia de tu verdadero Padre, nuestro señor Dios, el soberano de todos los universos de la creación.

"Así que, para terminar esta pequeña charla, te diré que cada amante de Dios renunciará gustosamente a su cuerpo, una vez o un millón de veces, pues no le importa cuántas veces ha de reencarnar. Por lo tanto, él está más consciente de que ser comprendido implica más contradicciones que ser malentendido. Eso se debe a que él sabe que aquellos que comprenden se enfrentarán a sí mismos con confianza en el mundo interior."

El Maestro unió las manos a sus espaldas y comenzó

a caminar a grandes pasos por la orilla del río, mientras el buscador lo observaba en silencio. Estaba lleno de una Luz y de un Sonido misteriosos.

La práctica del zíkar

eñor", dijo el buscador mientras caminaban por el viejo muelle, donde los pequeños botes iban recibiendo la carga para sus viajes río arriba, hasta el pie de los Himalayas. "Siempre estás hablando del zíkar. ¿Qué es el zíkar? Por favor, ilumíname."

"Sí", respondió el tibetano, deteniéndose a mirar los enormes sacos de alimentos apilados contra las paredes. "Zíkar es el arte de establecer contacto con la Corriente Audible de la Vida que existe dentro de ti mediante el canto interior de tu palabra secreta. ¡Es claro que todo esto está de acuerdo con las enseñanzas del verdadero Hombre Dios!

"La comprensión consciente es el privilegio del hombre, y se convierte en un privilegio cuando se alcanza a través de la búsqueda de Dios, por Dios mismo, mediante los Ejercicios Espirituales de ECK. Tal es el principal resultado de utilizar el zíkar.

"El sendero de Dios a través de ECK es de orden práctico, y no se puede aprender de los libros ni de aquellos versados en los libros. Sólo se puede aprender de un Hombre Dios vivo, quien te enseñará el arte de cómo evitar las dificultades que encontrarás en el sendero interior. Él les da la real experiencia interior de la Luz y el Sonido a todos aquellos que hacen los ejercicios espirituales.

"Esta experiencia hay que desarrollarla mediante la práctica diaria, estableciendo horas fijas. Hay que poner la atención en un punto entre los ojos, llamado técnicamente el Tisra Til o Tercer Ojo.

"Si te esfuerzas conscientemente por transformarte en el Hombre Dios, entonces perderás a Dios. Si tratas deliberadamente de estar en armonía con la Luz, ésta se retirará de ti al instante. ¿Acaso no dijo Jesús que quien tratara de salvar su vida la perdería?

"Toda comprensión debe llegar cuando estás totalmente consciente, hasta el límite de tus potencialidades físicas y mentales. Una vez que, a través del ECK, te has liberado del cuerpo, lo verás como una cáscara vestida de harapos y te encontrarás a ti, Alma, inseparable del Espíritu Eterno.

"Debes sentarte en silencio y cantar los nombres sagrados del Sugmad. Esta práctica es un arma contra todos los peligros. Es una contraseña para entrar en todos los planos espirituales; le da fuerza y sustento al cuerpo y a la mente durante los conflictos y las aflicciones, lleva al Alma más cerca de Dios y permite alcanzar la felicidad mientras se está en este plano.

"Hay que prestarle igual atención a la Luz y al Sonido. Por lo general, la Luz aparece primero, luego el Sonido, y después la forma radiante del Maestro aparecerá por sí sola. Cuando él aparezca, toda tu atención deberá absorberse en él.

"El Sonido se desarrolla a través de los diferentes planos. Cada plano tiene un Sonido característico que le es propio, si bien todos emanan de la misma fuente. La causa de la diferencia son los diversos grados de densidad que resultan de la distinta proporción de materia y Espíritu que hay en cada plano.

"Te digo, entonces, que si buscas en tu interior para encontrar a Dios, y lo encuentras, entonces tus propios ideales alcanzan su realización. Eso depende de ti, porque cada ser humano es el camino y la verdad para sí mismo. Hablándoles a sus discípulos, Jesús dijo, 'Yo soy el camino, la verdad y la vida', pero él estaba hablando desde la Conciencia de Cristo y no como Jesús, el hombre.

"Es así como te hablo, desde el plano de Dios, no como un hombre. La fuente divina del amor puede estar a tu alcance. Sólo necesitas a tu propio ser para el camino, y al Hombre Dios para que te aliente y te de la mano a lo largo del sendero hacia el cielo.

"Dios es esa fuerza activa y móvil. Ello contiene en Sí Mismo al Espíritu. Haciendo una breve referencia al término *Espíritu*, se ha dicho que éste no es tan misterioso como podría parecer. El Espíritu es ese aspecto de Dios, el ser mismo de la divinidad, que crea los mundos de la realidad. Espíritu es el término que se suele usar para designar al poder divino, pero en realidad esta palabra es una derivación del término griego para espiral.

"Dios es el Alma, dentro de mi corazón, más pequeña que las diminutas criaturas o que los insectos que se arrastran entre la hierba a nuestros pies. Dios es el Ser que habita dentro del corazón, más grande que el cielo, más grande que todo lo que existe dentro del reino de la creación, porque Él es el creador de toda la creación.

"Así, pues, te digo, hijo mío, que para acercarte a Dios debes hacerlo mediante el ECK y captar la Luz y el Sonido, y seguirlos a ambos de regreso hacia la fuente de la verdad de todas las verdades. Y ese camino para alcanzar el hogar espiritual de Dios está dentro del cuerpo humano. Debemos ir hacia el Alma a través del cuerpo, a fin de alcanzar a Dios, o el Alma Suprema.

"La verdadera fuente de Dios es ese ser que es, y

allí el Alma vivirá en beatitud por toda la eternidad. Esto es lo que debes esforzarte por encontrar en tu vida, a través de todos los mundos de Dios."

El buscador vio cómo el Alma divina se daba vuelta y contemplaba con curiosidad los pequeños botes acumulados a lo largo de las paredes, como si se preguntara para qué serían y, al mismo tiempo, sabiéndolo interiormente. El corazón del buscador se elevó cuando salieron de la construcción y volvieron a estar bajo la clara luz del sol.

La verdadera entrega

a entrega verdadera es el camino hacia Dios", dijo Rebazar Tarzs, sentado a la orilla del río bajo la intensa luz de la mañana. "El ego debe renunciar a todo para que el Alma trascienda Sus envolturas en el mundo material y se libere, ¡obteniendo así la libertad perfecta!"

Mirando al Viajero, el buscador dijo: "Tú eres quien destruye la oscuridad mediante la luz resplandeciente de tu conocimiento, y dentro de mí esa luz se convierte en la gloria creciente de mi propia autorrevelación."

"No soy yo, éste al que ves aquí en la forma terrena", contestó Rebazar, con una gran sonrisa, "sino el verdadero Maestro, que no es el cuerpo sino el Poder Divino del ECK que actúa a través del cuerpo, y lo usa para enseñarte y guiarte en el deber más elevado posible, únicamente para Dios.

"Hay una ley, si es que quieres llamarla una ley, pero yo digo que es un aspecto de Dios, que se invierte. Mientras el ser humano más intenta hacer algo con su voluntad consciente, menos es capaz de lograrlo. La destreza, y el resultado de la destreza, sólo les llega a quienes han aprendido el paradójico arte de hacer y no hacer simultáneamente, de combinar la relajación con la actividad, de abandonarse como persona a fin de que Dios pueda hacerse cargo.

"La comprensión llega cuando estás totalmente consciente, hasta el límite de tus potencialidades físicas y mentales. Así pues, te digo que si te esfuerzas conscientemente por volverte uno con Dios, eres capaz de perder todo lo que has ganado. Si tratas deliberadamente de estar en armonía con la Luz, te alejarás de Ella en un instante. ¿Acaso no dijo Jesús que quien intentara salvar su vida la perdería?

"Te digo, entonces, esto: buscar la Luz conscientemente es perderla; hablar de Dios y de los aspectos de Dios es mantenerlo alejado de ti, y buscarlo es hacer que se desvanezca siempre ante ti.

"Preguntarás entonces, ¿cómo encuentra a Dios el ser humano?

"Puedo decirte esto: el camino a Dios consiste en entregarte a Dios con todo tu Ser, completa y plenamente, de manera que nada pueda interponerse entre Él y tú. La entrega es la única vía. El camino más seguro hacia Él es dejar que Dios se haga cargo del Alma; ábrete constantemente a Él, a Su sabiduría y a su amor, y confía en Su intención.

"Una vez que has aprendido el arte de la verdadera entrega, el Alma es literalmente arrancada de Su templo físico para que avance hacia los planos superiores de donde provino. Una vez que la vida interior se ha hecho realidad, la exterior empieza a parecer irreal y de poca consecuencia.

"Habrás alcanzado la verdadera beatitud de nuestro Señor cuando el Alma se haya polarizado con el Ser Eterno, y esta Alma todopoderosa la haya consumido: cuando veas constantemente lo Divino en todas las cosas, en todos los seres y en todos los acontecimientos. Tu corazón será consumido cuando todas tus emociones se resuman en el amor por lo Divino: de lo Divino en Sí Mismo y por Sí Mismo; pero esto es amar también a lo Divino en todos Sus seres y poderes y personalidades y formas dentro de los cielos de Dios.

"Cuando el pequeño yo sea erradicado a través del amor puro de Dios, entonces el Alma permanecerá en toda Su radiante gloria, y así te entregarás a Él y te moverás constantemente de acuerdo con Su voluntad perfecta. Sólo entonces te deleitarás en Dios y en el uso espiritual de Su perfección y Su realización.

"Ah, pero yo te digo que la autoconsagración perfecta es el camino hacia la perfecta entrega de sí a la bienamada Alma Maestra de todas las numerosas esferas del Cielo.

"Más allá de la vida está Dios. El hombre debe ir más allá de la transformación de su manera superficial, estrecha y humana de pensar, sentir, ver y ser, hacia la amplia y profunda conciencia espiritual, hacia el Yo Divino integrado en ese mundo verdadero que es llamado el reino del cielo.

"La fuente de la beatitud eterna es el ser divino que está en todo. Es sólo gracias al infinito amor y a la misericordia de Dios que el ser humano puede aprender a reconocer las lecciones por las que debe pasar en la tierra, y que lo inherente en él es la fuente de la beatitud infinita, y que la mayor parte del sufrimiento del ser humano se debe a su lucha por descubrir el Ser divino dentro de sí mismo.

"La verdadera felicidad sólo se puede encontrar en el Hogar Eterno, adonde el Alma deberá regresar algún día; y mientras que tu propio ser verdadero busque algo que no sea Dios, no viajará hacia el Reino de Dios sino que permanecerá aquí, encadenado en la tierra.

"¿Qué deseas hacer? ¿Vivir en libertad con Dios o pasar tu tiempo en esta prisión terrena?"

Con esto el tibetano concluyó y permaneció sentado observando a su discípulo con una extraña sonrisa. El buscador se rió suavemente y sacudió la cabeza, sabiendo que el Alma divina que estaba a su lado conocía todo lo que había en su corazón.

Cómo alcanzar a Dios

stás tratando de sujetar a Dios con tus manos", dijo el Viajero, que estaba sentado en posición de loto bajo las ramas del inmenso roble. "Nunca podrás comprender a Dios al grado de que Él sea completamente tuyo. Tú consideras que la gran Realidad es evasiva, que no la puedes atrapar entre las manos, y que apenas si es real para tus sentidos interiores. ¿No es cierto?"

El buscador dijo con extrañeza: "Sí, Señor, es verdad. Pareciera que cuanto más busco a Dios, menos lo tengo. ¿Por qué pasa eso?"

"La respuesta a tu pregunta es una paradoja para la mente, hijo mío", contestó Rebazar con suavidad mientras se pasaba su mano morena por el cabello. "Eso se debe a que el orden interno de tu vida es el de Dios. Se llega a la unión mística con tu propio creador a través de la iluminación, de la Corriente Sonora y de tu Maestro. Todo el fundamento de la vida es inmutable, no se agita por nada, y nada que se refleje desde el exterior lo perturba.

"Te digo esto: Dios no se refleja en las imágenes de lo que te rodea aquí, sino que lo real es lo que existía antes de que todo este universo empezara a existir, y antes de que tú llegaras a tu propio cuerpo, y lo que existirá mucho después de que lo dejes. ¿Comprendes?

"El cuerpo universal de Dios es la realidad, y todas las formas mundanas son fenoménicas, y han sido modeladas según se las necesita en sus respectivos lugares, para cumplir el destino del propósito divino en el plan cósmico.

"Cuando busques a Dios, tus propios sentidos se rebelarán porque, como los sentidos han sido el objeto de tu propio yo durante muchas generaciones, el patrón de vida que has creado hace que dentro de ti exista una entidad, y este pequeño yo crece gracias a tus sentidos objetivos. Su única meta en la vida es satisfacerse y asegurarse de su existencia. No le importa nada más, y se preocupa poco por el ser físico, apenas más de lo que el Alma verdadera se preocupa por el cuerpo. Por lo tanto, él lucha por mantener su control sobre el cuerpo del hombre, incluso en los tres mundos que están más allá.

"Así que cuando buscas a Dios por Dios mismo, debes entonces recordar que ese yo debe ser desterrado por completo.

"Muchos de los santos cristianos han escrito sobre sus luchas contra esta fuerza, para sobrepasarla y alcanzar a Dios. Sin embargo, te digo que la lucha no es necesaria. Hay un camino más fácil hacia Dios.

"El camino hacia Dios es difícil para aquellos que luchan contra el pequeño yo y miran los obstáculos en el camino. La diferencia entre el cielo y la tierra es apenas del ancho de un cabello.

"Voy a darte un ejemplo de esto, contándote acerca de un gran santo que luchaba, intensamente y en silencio, por llegar a Dios, aferrándose al manto del Alma divina y suplicando para mantenerse aferrado. Al despertarse descubrió que sus manos estaban asidas a su propia túnica. ¿Comprendes?

"Te digo, pues, lo siguiente. Si quisieras que Dios se mostrara ante ti con total claridad, éste es el camino: nunca estar a favor ni en contra de nada, porque ésa es la batalla más grande de la mente. La naturaleza de Dios es permanecer siempre en equilibrio: nunca demasiado, nunca demasiado poco.

"Toda maya debe ser expulsada de la mente, ¡y tú debes ver que Dios es! Búscalo por Su propio y dulce ser, y detén todo movimiento, para así alcanzar el descanso en Sus amados brazos; entonces tendrás descanso en tu propio y dulce ser, y todos los movimientos habrán cesado.

"Debes polarizar al Alma con el Alma del Maestro,

y entonces la calma y la paz te conquistarán, y la lucha por llegar a Dios se habrá perdido en la belleza de la propia presencia de tu Señor. Conforme te hundas más en Dios, y Lo encuentres, toda tu frenética lucha por aferrarte a Su manto habrá desaparecido y Lo tendrás, tranquilamente, en tus propias manos o, más bien, ¡Ello te tendrá a ti tranquilamente en Sus manos!

"¿Has visto alguna vez cómo lucha un bebé en los brazos de su madre, porque algo ha perturbado su pequeño corazón? ¿Y cómo todo el amor apaciguador que la madre puede darle se pierde, porque la lucha es más grande que su comprensión? Pero luego llega el momento en el que el amor de la madre penetra el yo exterior del pequeño y entra al corazón del bebé, y entonces la lucha de éste termina, y permite que el amor tierno y suave de la madre lo impregne.

"Así, pues, te digo que abrazar a Dios es abandonar tus perspectivas falsas y ver todo con los ojos del amor. No tomes partido y deja de aferrarte, y confía sólo en el camino sobre el que el Maestro ha puesto tus pies. Perseguir la Luz y el Sonido es perderlos; por eso, debes hacerlo todo con un esfuerzo sin esfuerzo, y permitir que sea el verdadero ser dentro de ti quien lo haga todo. ¡Relájate en tu búsqueda, y ten confianza!

"Dios no es sino el todo, y el todo no es sino Dios. Así, pues, debes obedecer y entregarte dulcemente a Dios, y deja que Ello sea el todo en tu corazón."

Con esto, el Maestro terminó de hablar y se puso de pie indicándole al buscador que lo siguiera. Mientras se alejaban de la orilla del río, rumbo a la aldea, Rebazar levantó una canasta del mercado y la meció distraídamente en su mano morena.

Un sermón para los peces

ebazar Tarzs se detuvo junto a la orilla arenosa del río Era una figura majestuosa que miraba hacia las claras aguas donde cientos de peces, reunidos en grupos temblorosos, tenían los ojos dirigidos hacia él.

Metió la mano en la canasta del mercado y sacó un puñado de arroz frito, que esparció sobre la superficie cristalina, pero los pececitos dejaron que las migajas se fueran hundiendo lentamente hasta el fondo arenoso del lecho del río.

"¿Lo ves?", dijo el Viajero con su maravillosa voz. "Las pequeñas criaturas del agua están más interesadas en la comida espiritual que en el pan para el cuerpo. ¿Acaso no es verdad, entonces, que ellas conocen la Voz de Dios?"

El buscador dijo con curiosidad: "Estoy de acuerdo, Señor. Tu palabra toca todos los corazones, ya sea en la criatura más diminuta o en las elevadas alturas del Hogar Eterno, donde moran tus creaciones sublimes. Tus palabras infunden espontáneamente en todos un sentimiento de amor a sus semejantes. Y este sentimiento habrá de reemplazar la tendencia a la separación, para regir sobre los corazones de todos. Es entonces cuando reina una felicidad completa."

"Sí, es cierto", contestó Rebazar, dirigiendo su atención hacia las vagas figuras de los peces en el agua. "Pequeños hermanos y hermanas, os digo que os améis los unos a los otros. Y, por encima de todo, amad a Dios, y después amad a vuestro prójimo.

"Amar a Dios es la manera correcta de amar a vuestros semejantes. Si sentís amor por los demás de igual manera como amáis a vuestros seres queridos, vosotros amáis a Dios.

"Si, en vez de robaros los unos a los otros, os ayudáis en tiempos de hambre, entonces estáis amando a Dios.

"Si sufrís con los sufrimientos de vuestros semejantes, y sentís la alegría que otros tienen, entonces estáis amando a Dios y a vuestros semejantes.

"Ahora que vosotros sois los peces del agua, debéis sobrellevar vuestra parte con paciencia y satisfacción, aceptándola como la voluntad de vuestro creador, porque eso es amar a Dios.

"Debéis saber, comprender y sentir que el acto de devoción y de adoración a Dios más grande consiste en no lastimar ni dañar a ninguna de Sus criaturas y, si practicáis esto, entonces estáis amando a Dios.

"Debéis saber que no hay nada en toda Su creación más que amar a Dios como Éste debería ser amado, y debéis vivir por Dios y morir por Dios. Debéis saber que la meta de toda la vida no es sino amar a Dios y encontrarlo dentro de vuestro propio Ser.

"La felicidad en medio de cualquier adversidad sólo se puede sentir cuando se toca el centro mismo del Alma, y así tendréis a Dios en vuestra vida y, entonces, estáis amando a Dios.

"Si el hombre, en su vana ignorancia, os engaña dándoos comida con un anzuelo, y sois atrapados, devorados y digeridos, sabed que no estáis muertos, porque el ser que hay dentro de vosotros no puede morir, y eso es amar a Dios.

"Que os guíen el Amor y la Verdad. Ése es el camino más simple que conduce a Dios. Al establecer vuestro amor los unos con los otros, lo cual constituye la verdad inmutable, podéis entonces esperar estableceros en una paz perdurable, y eso es amar a Dios.

"Si sabéis que Dios está trabajando perpetuamente en silencio, sin ser percibido ni oído, salvo por aquellos que experimentan Su infinito silencio, entonces sabréis que vuestro lugar como los peces del río se justifica dentro de la armonía de toda Su creación. Y, al saber eso, entonces estáis amando a Dios.

"Sed comprensivos ante la verdad de que vosotros

sois ejemplos de bondad el uno para el otro, y el ejemplo de la creación de Dios para todas Sus criaturas en el mundo. Comprended esto, y estaréis amando a Dios.

"Sed dichosos de que podéis servir a Dios con la forma que poseéis, pequeños peces, porque Dios, en toda Su gracia y misericordia, os ha otorgado la vida en esa apariencia manifiesta, a fin de que ascendáis hacia Sus alturas. Vosotros os encontráis en el viaje divino hacia alcanzar vuestro verdadero hogar en el reino del cielo. Al conocer esta verdad sublime, estáis amando a Dios.

"Sabed, entonces, que el tiempo carece de lugar en el mundo de Dios, y que a Éste le importa poco si las criaturas de Sus creaciones son pececillos u hombres. Porque, en tanto Sus creaciones lo amen, ellas están avanzando hacia su unión con el Espíritu de Dios. Al comprender esto, estáis amando a Dios.

"Lo que os he dicho, pequeños hermanos, proviene del corazón de Dios, y no debéis vacilar en amaros y comprenderos a vosotros mismos, porque Dios os ama inmensamente. Vosotros constituís la hermandad del mundo del agua, que se fundamenta en la realización de la Unicidad de Dios.

"Dios nos ha otorgado Su amor divino, Su misericordia y Sus bendiciones. ¡Que las bendiciones sean!"

Un pez más grande sacó la cabeza del agua y movió la mandíbula en silencio. El tibetano se inclinó profundamente, tomó un tazón de arroz de la canasta y tiró su contenido al agua.

El buscador miró fascinado cómo los peces se retiraban de la orilla y empezaban a comer el arroz.

La Mirada del Maestro

l buscador estaba mirando la luz del sol sobre las distantes montañas azules, y sus pensamientos estaban puestos en el Viajero. Había oído hablar muchas veces de la Mirada del Maestro, pero como no la había experimentado, tenía dudas acerca de qué podía ser.

Entonces se dio la vuelta y dejó que su vista recorriera el paisaje hasta el otro lado del río; vio los gansos salvajes sobre el banco de arena y el ancho río amarillo que fluía hacia el mar. Entonces su mirada se posó sobre el Maestro que se acercaba desde los sauces de la orilla.

Al levantar la vista, vio la mirada del tibetano sobre él, y todas las dudas que habían estado en su corazón se disiparon. Un torrente de amor brotaba de los ojos de Rebazar, como una intensa corriente eléctrica que lo recorrió todo, hechizándolo con su magia; y el gran rostro barbado se transformó en un semblante resplandeciente. Aquellos ojos eran unos estanques profundos y oscuros llenos de un fuego amoroso.

Fue tal la fuerza con la que esto lo golpeó, que no pudo resistir más la Mirada del Maestro. Ésta le arrancaba toda su finitud. Miró hacia otra parte, preguntándose qué le había sucedido, reconociendo un sentimiento de no ser digno de la Mirada del Maestro.

"Si miras en el espejo, tus ojos se encuentran con la imagen verdadera", dijo el tibetano con su voz más suave. "Si miras en los ojos de Dios, entonces también ves la verdadera imagen de ti mismo como Alma. Si te sientes indigno, es porque no conoces tu propio ser verdadero. Conocerte a ti mismo es algo grande, pero tener la comprensión de tu propio ser es más grande que el conocimiento.

"Es cierto que la sabiduría engendra sabiduría, pero también es sabido en los reinos espirituales de Dios que el amor lo engendra todo. Ten amor y lo tendrás todo, incluso a Dios. Y dime, por favor, ¿qué más quiere el hombre sino el amor a Dios? Incluso si amas sin esperar recompensa, obtendrás el Amor de Dios, si tú amas intensamente a Dios.

"La Ley del Amor tiene una naturaleza paradójica en las siete esferas del cielo, porque es la única cualidad verdadera de Dios, y la única cualidad que es de su propia naturaleza.

"Déjame decirte esto. La mente tiene una naturaleza dual porque en una fracción de segundo puede cambiar de lo bueno a lo negativo y de lo negativo a lo bueno. El amor es permanente: lo omnisciente, lo omnisapiente y lo omnipresente. Éste es el enorme y majestuoso poder de Dios que se desborda del cielo hacia los reinos más bajos para ayudar a la humanidad en su lucha por alcanzar el verdadero hogar eterno.

"El amor cálido que Dios vierte sobre Sus creaciones, abarcándolo todo, no siempre resulta bello y magnificente, sino que muchas veces constituye una visión aterradora para aquel devoto cuyos ojos se abren por primera vez a los mundos cósmicos. Sin embargo, éste es el juego de maya que nubla y confunde los sentidos, para provocar miedo en el corazón del ser humano.

"El amor contiene la clave de todos los problemas. A través del amor divino ha sido posible que el hombre se vuelva como Dios, y cuando Dios se vuelve hombre, eso también se debe a Su amor por el hombre.

"Te diré esto. El amor es dinámico en su acción y contagioso en su efecto. El amor puro, entonces, no tiene parangón en su majestad ni paralelo en su poder; y donde él existe no hay oscuridad, ni hay oscuridad alguna que pueda resistir su poder. Yo digo que es la llama imperecedera que hace radiante a la vida, y que la liberación permanente del ser humano depende de su amor por Dios, y del amor de Dios por todas las criaturas de Sus mundos.

"Así, pues, cuando ves que el amor se derrama de

los ojos del Maestro sobre su discípulo, debes saber entonces que todo es amor, y que donde hay amor hay unión, y es en la unión completa que Dios se hace plenamente realidad en todos los tiempos y sobre todos los planos cósmicos de la creación.

"Así, el Maestro derrama su amor sobre el devoto para elevar más a esa Alma en el camino hacia Dios. Es como dijo Jesús: que aquellos que fueran a él serían elevados.

"Escucha mi palabra. No hay medida para el amor, y recuerda que el espíritu del amor verdadero siempre se realiza en forma de sacrificio; pero no el sacrificio como tú lo conoces aquí en la tierra, sino como acciones realizadas para el Maestro o para Dios, con una generosidad amorosa, renunciando a todo lo demás para llevarlas a cabo.

"Poder hacer algo por tu amada es una bendición. Sabe, pues, que hacer algo por Dios es triplemente bendecido, porque hacer algo con amor por quien amas es, por lo tanto, hacerlo por Dios.

"Así, pues, trabajarás por el uno en muchos, y encontrarás la unión y la libertad."

Después de decir esto, el tibetano se alejó caminando con su majestuoso paso, mientras el buscador lo observaba. Ahora sabía lo que era la Mirada del Maestro, y la gran corriente de amor que brotaba de ella. Pero lo más grande para él fue el impacto interior de que ¡su vida ya no estaba en sus propias manos!

La Ley de la Vida

hora voy a decirte", exclamó Rebazar Tarzs al tiempo que recogía sus sandalias, "que cuando estás lleno de opiniones y especulaciones, Dios se aparta de ti. ¿Cómo puedo mostrarte a Dios si no te vacías primero de todas esas cosas mundanas?"

El buscador se movió nervioso bajo el roble gigante, y entonces miró al Viajero que se estaba poniendo las sandalias. "Yo estoy buscando esa Presencia Eterna, oh Señor, pero se me escapa de las manos. Enséñame cómo podría captarla."

"Ah, cómo muestras en eso tu naturaleza interior. En vez de esforzarte para que algo se añada a tu naturaleza, deshazte de todas las opiniones, los prejuicios, los orgullos innecesarios y las miles de otras cosas que te estorban y encadenan. Incluso tu deseo de Dios es un obstáculo. Simplemente, continúa con tu desarrollo espiritual, paso a paso, sin pensar en el bien o en el mal, ni en el éxito o el fracaso. No te demores donde está Dios ni donde Dios no está, dirígete rápidamente hacia donde Dios *es*.

"¿Dónde está* Dios? Dios está en la región sin nombre, donde existe como un inmenso Océano de

---

* **N. del T.:** El autor utiliza el verbo "to be", que significa ser y estar.

Misericordia y Amor. Tu propio ser es el espejo que refleja la solución de tu mente y de tu naturaleza interior. Así, pues, te digo que no trabajes por la libertad sino permite que la libertad sea el resultado del trabajo mismo.

"Tal es la Ley de la Vida, en la que nada está a tu disposición a menos que primero obtengas la sabiduría a través de los tesoros almacenados dentro de ti. Éstos, a su vez, pueden ser compartidos abundantemente con otros, llevándoles a ellos la felicidad.

"El hombre debería tratar de ser el amo de su mente y de su cuerpo, gobernar pacíficamente su entorno, llevar una vida pura y carente de egoísmo, y ser amable y servicial con todos sus semejantes. Éstas son las tareas cotidianas más importantes del hombre, mientras que esté en este mundo. Por lo tanto, tú eres el instrumento de Dios y, al ser el instrumento de Dios, debes ajustarte al vehículo de la enseñanza o, mejor dicho, al vehículo del ECK.

"Debes saber, entonces, que el vehículo depende del instrumento, ya que este último, como un punto receptor de las vibraciones de Dios, debe colocarse en el escenario adecuado para recibir el mensaje de Dios, venga de quien venga. Esto significa que el vehículo del

ECK no está confinado en ermitas de montañas remotas, ni en desiertos, porque trasciende todas las costumbres, todas las sectas, toda la vida, todos los lugares y todos los tiempos, y se puede encontrar lo mismo en la ciudad que en el campo.

"Por ello, digo otra vez que el vehículo del ECK podría no ser un gurú, un instructor o un maestro, ni siquiera una persona. Puede ser algo más allá de todos éstos. Puede ser tu propio ser, o la Voz de Dios; o quizás sea la Naturaleza misma la que te enseñe.

"La verdad es perfecta y completa en sí misma. No es algo que apenas ha sido descubierto, ya que ha existido siempre. Así, pues, te digo que la Verdad nunca está lejos de ti. Siempre está cerca. Vuelvo a decirte que no corras hacia ella, ni siquiera camines hacia donde ella se encuentra, porque muchas veces ocurre que cada paso que das hacia la Verdad te aleja de ella.

"Que los pensamientos de otro, y en ello incluyo los preceptos de tu propio maestro, no logren hacerte cambiar de parecer; no sigas sus pensamientos. En lugar de eso, aprende a escuchar la Voz que habla dentro de tu propio ser. Con el tiempo, aprenderás que tu cuerpo y tu mente se fundirán en la unidad, y te darás cuenta de la unión con toda la vida. Y aquí tomo tiempo para señalarte que incluso un delicado movimiento de tus pensamientos duales te impedirá entrar por las puertas del cielo.

"Aquellos que hablan demasiado del Supremo ECK, y quienes hablan demasiado de la realización, suelen estar divagando en sus mentes, y se hallan en la agonía del conflicto. Si te detuvieras y pensaras sobre el hecho de que la habilidad para contemplar no llega tan fácilmente, sabrías entonces que muchos esperan que ella sea el camino fácil hacia Dios.

"Muchos de los santos han permanecido en silencio durante años antes de volverse adeptos del arte de ECK, capaces de dejar el cuerpo a voluntad. Se dice que San Pablo tuvo que estudiar el arte del silencio interior durante ocho años, en el desierto de Arabia, antes de poder decir que él 'moría todos los días'. Por eso te digo que si deseas convertirte en un santo, nunca llegarás a serlo.

"La Ley de la Vida o, en términos más simples, la Ley de la Realización, es ese principio dentro de cada ser humano que se invierte cuando el hombre hace un esfuerzo por conocer a Dios. Debes buscar a Dios de una manera que no sea buscándolo. Lo buscas abriendo tu ser interior a Ello y dejándolo que dirija tu vida como quiera. Se trata de una conciencia interior que se obtiene a través de cierta gracia compasiva y de comprensión.

"Por eso te digo que si tratas de ver a Dios a través de Sus formas o si intentas oírlo a través de Sus voces, nunca lo alcanzarás, y por siempre permanecerás ajeno a Su gracia divina."

El buscador miró fijamente al tibetano, quien se levantó y se dirigió a la orilla del río para observar a un sapo verde y húmedo que estaba posado sobre una rama medio sumergida. Se oyó el ronco croar del sapo, y entonces éste se tiró al agua con un chapuzón sonoro. Rebazar mostró una gran sonrisa.

El viaje divino

l viaje divino empieza ahora", dijo el tibetano mientras se bañaba en el agua poco profunda junto al banco de arena y la luz dorada del sol jugaba sobre su cuerpo moreno. "El inicio de este viaje depende del Alma. Porque únicamente el Alma debe hacer un intento consciente por poner allí los pies. El Sat Gurú está siempre esperando, y él jamás intenta persuadir al discípulo a que dé el paso."

El buscador nadó en el agua limpia y reluciente, se subió a la barra de arena y allí se tumbó. Su cuerpo vibraba con un millón de chispas eléctricas que salían disparadas.

"¿Cuál es el propósito del viaje divino?", preguntó suavemente, mientras miraba la estupenda constitución física del Viajero que estaba echado sobre la arena. "¿Adónde va el ser humano, y cómo viaja por el sendero hacia Dios?"

"El malentendido estriba en las raíces mismas de la mente", contestó Rebazar Tarzs, levantándose para observar una pequeña culebra de agua que nadaba con gracia hacia la orilla, la cual se arrastró hasta los pies del Viajero y se enroscó muy cerca de éstos. Inclinándose, el tibetano acarició suavemente su diminuta cabeza. "¿Ves a esta pequeña criatura que siempre le produce miedo a la gente? Ella va en su viaje divino hacia el hogar de Dios pero no lo sabe. Responde al amor divino que se le está dando, y no me morderá mientras yo no despierte en ella lo contrario.

"El viaje divino empieza en la más elevada creación de Dios o, dicho con otras palabras, se inicia con las masas inconscientes de átomos espirituales y de ángeles que yacen a los pies de Dios en el verdadero hogar eterno.

"Con el fin de tener un lugar armonioso en el mundo más elevado, Dios los envía a todos hacia Sus reinos, incluso a los más bajos, para que se vuelvan expertos en todas las experiencias espirituales que son posibles. Por ello tú, como el átomo interior perfeccionado, no eres del máximo valor para Dios mientras que no te hayas realizado verdaderamente dentro de tu propia divinidad.

"Primero debes conocerte a ti mismo, y despúes conocer a Dios. Esto es verdad para cada plano en toda Su creación.

"Así, empiezas desde el cielo cuando Dios envía a cada Alma al mundo de los planos materiales, y desciendes a esta tierra en la forma más diminuta como una amiba, y entonces da comienzo el viaje de regreso a tu hogar verdadero.

"Te abrirás paso a través de los millones de miríadas de formas que Dios ha manifestado sobre esta tierra, hasta que llegues al hombre. Es entonces cuando se inicia tu verdadero sufrimiento, porque el Ser Real sabe que debe alcanzar el ápice de todas las creaciones de Dios, incluso de los ángeles y arcángeles que rodean el trono mismo de Dios. Sin embargo, el hombre no se reconoce a sí mismo, y es entonces cuando realmente empieza la lucha en la Rueda de los Ochenta y Cuatro.

"La reencarnación se establece dentro de la vida del ser humano, y éste batalla a través del fango y los pantanos que lo rodean. Su mente está cegada por sus propias nubes de ilusión en pos de la grandeza, y él cree que todo comienza en la mente y termina en la mente. Que nada es más grande que la mente. Esto no es nada raro, porque la mente crea valores falsos y se erige como la grandeza del hombre.

"Déjame que te diga, mi joven amigo, que la mente tiene un gran poder y que crea ilusiones tales que el ser humano piensa que esto es Dios y lo idolatra como a Dios. El poder de la mente crea un cuerpo falso que tú conoces como ego, o falso yo, y el hombre al conocer este falso ser piensa que es el Alma.

"Este falso yo posee un gran orgullo respecto de sus propios logros, trabaja por su propia existencia y lucha contra el verdadero Ser que sólo tiene un ideal: regresar a Dios para siempre, abrirse paso a través de Sus propias experiencias en este mundo y volver a casa de nuevo.

"El deseo del Alma se vuelve entonces tan grande que en algún lugar y en algún momento aparece el Gurú de ECK, y encuentra al ser perfeccionado escondido tras el falso yo y, como sabe esto, asienta los pies de esa Alma en Su camino verdadero, esto es, el viaje divino de regreso al hogar.

"El Maestro establece sólo tres requisitos para el devoto: tener pureza de Alma, tener al verdadero maestro, y seguir las instrucciones del verdadero maestro que te da los secretos de la Luz y el Sonido.

"La Luz es para iluminar el camino del devoto, y el Sonido es lo que el Alma sigue de regreso a Su verdadero origen, como el cordero que sigue la flauta del pastor. Éste es el único secreto, no hay otros. ¡Mientras no mires y observes, nada será claro para tus propios ojos, y no serás capaz de progresar en tu propio viaje divino!"

La pequeña culebra siseó, se deslizó hasta acercarse más a los pies del maestro, y se quedó allí para que él le acariciara su diminuta cabeza. Rebazar sonrió y levantó la mirada hacia el buscador, quien sintió que el poder de Dios fluía de pronto a través de él.

Las joyas de la sabiduría

áblame sobre la sabiduría, oh Señor", dijo el buscador mientras ambos caminaban por los campos en la isla situada entre los dos ríos. "Quiero saber más acerca de la sabiduría." El tibetano arrancó una hoja de hierba y masticó su fresca dulzura.

"Llega primero a la comprensión, hijo mío", dijo el Viajero, "y entonces tendrás sabiduría. Para alcanzar la comprensión debes tener una conciencia total del ser interior, en todo momento."

"¿Cómo puedo obtener esa conciencia total?", preguntó el buscador.

"¡Poniendo tu mente en Dios!", contestó el tibetano despreocupadamente.

La mirada del buscador divagó tocando los picos distantes, el sol a medio cielo y la gloria de su luz sobre el río. Al otro lado del río, sobre la margen izquierda, se asentaba la pequeña ciudad, como una madre que estuviera cuidando a sus hijos, despreocupada de todo, pero atenta a que ninguno vaya a desaparecer de su vista.

El buscador preguntó: "¿Cómo fija uno su mente en Dios?"

"Repitiendo el nombre sagrado del Señor", dijo Rebazar, "y cantando Sus glorias, y visitando a los devotos de Dios y a los hombres santos. La mente no puede morar en Dios si está inmersa día y noche en lo mundano, en los deberes y responsabilidades del mundo. Es sumamente necesario buscar la soledad de vez en cuando, y pensar en Dios. Al principio, resulta difícil mantener la mente fija en Dios, a menos que uno practique los Ejercicios Espirituales de ECK a solas.

"Te digo lo siguiente. Hay tres ejercicios que practicar: pensar en Dios mientras estás realizando tus deberes, contemplar sobre Dios en algún rincón aislado de tu propia casa y contemplar sobre Ello en un bosque. Siempre deberías discriminar entre lo real y lo irreal. Sólo Dios es real, la sustancia eterna; todo lo demás es irreal, es decir, temporal. Mediante tal discriminación, los objetos temporales deberían ser expulsados de la mente.

"Para vivir en este mundo, debes llevar a cabo todos tus deberes, pero mantén tu mente en Dios. Vive con todos, con tus seres amados y tu familia, y sírvelos. Trátalos con gran reverencia y con gran amor, pero sabiendo que ellos no te pertenecen. Haz, pues, como te digo: cumple todos tus deberes en este mundo, pero mantén tu mente en Dios.

"Si tratas de vivir en este mundo sin cultivar el amor

a Dios, cada vez te enredarás más. Te verás abrumado por sus peligros, penas y tristezas. Y mientras más pienses en las cosas mundanas, más necesitado estarás de ellas. Asegura el bálsamo del amor divino, y dedícate, entonces, a la tarea de tus deberes en este mundo.

"Te digo, pues, que al estar a solas con Dios, la mente adquiere conocimiento y devoción. Pero la misma mente se va hacia abajo si la trastornan las ondas de quienes buscan perturbarte en tu búsqueda de Dios.

"Siempre es posible ver a Dios. Pero debes hacer como digo: repite los nombres sagrados, y haz todo tu trabajo en Su nombre, por Ello, y sin esperar recompensa. Entonces verás a Dios en toda Su gloria.

"Por encima de todo, debes tener fe en tu propio poder para alcanzar a Dios y, luego, tener fe en tu Gurú, que es el Hombre Dios y te puede mostrar a Dios. Luego ten fe en el ser supremo que llega a ti porque tú tienes fe en todo. La fe es uno de los elementos esenciales del camino para alcanzar a Dios y morar en Ello.

"Dios está más allá de toda vidya y avidya, del conocimiento y de la ignorancia. Está más allá de toda maya, la ilusión de la dualidad.

"Uno alcanza el conocimiento de Dios en el ECK y, al mismo tiempo, la realización de Dios. Es en este estado que el ser humano, el buscador, deja de razonar y su lengua guarda silencio. Él no posee poder para describir la naturaleza de Dios.

"Cuando el hombre ha llegado a morar en Dios mediante el silencio interior durante algún tiempo, debe regresar de nuevo a la tierra. Entonces encuentra que es Dios quien se ha vuelto ahora la tierra y sus seres vivientes. Descubre, incluso, que Dios se ha convertido en el falso yo que vive dentro de él y en todas las demás creaciones, y que él, por sí mismo, no puede crear ni siquiera lo falso sin la ayuda de Dios.

"El camino de la sabiduría lleva a la verdad, igual que el camino que combina el conocimiento y el amor. El sendero del amor también conduce a esta meta. El camino del amor es mejor que el de la sabiduría y el entendimiento, porque con amor lo puedes tener todo. Todos los caminos conducen finalmente a Dios, así que no te preocupes si otra persona no está dispuesta a ver a Dios como tú lo ves, ni a ver a tu Sat Gurú como tú lo ves, ni a considerar el mundo como tú lo consideras.

"Todos están viajando por el camino hacia Dios."

El tibetano se dirigió hacia el bote detenido junto a la orilla de la isla, y ambos se subieron en él. El buscador tomó los remos y empezó a navegar río abajo, hacia el lugar de su encuentro.

El enigma de Dios

l buscador y su maestro estaban de pie a la orilla del río, cerca del viejo roble, mirando por sobre las aguas lodosas y marrones que fluían hacia el mar. El sol se elevaba sobre las colinas, arrojando alargadas lanzas de luz sobre el bosque, las riberas y los ríos.

Había lágrimas en los ojos del buscador cuando se volvió hacia el Maestro. "Quiero quedarme para siempre contigo, Señor", suplicó. "¿Debo irme otra vez? Estoy cansado y agotado, y necesito tu consuelo."

"Yo estoy siempre contigo, hasta el final del mundo", dijo Rebazar Tarzs suavemente, poniendo una mano sobre el hombro del buscador. "Tú tienes tu propio trabajo que hacer en este mundo, con tu amada a tu lado. Debes ir y hacerlo."

Habló de nuevo: "Habrás de llevar la palabra de Dios al mundo, incesantemente y sin vacilación alguna. No te preocupes nunca, porque yo estoy siempre contigo, guiándote y ayudándote de todas las maneras. Mi corazón va contigo.

"Te digo que debes ser tal como Jesús les dijo a sus discípulos: 'Sed astutos como serpientes y mansos como palomas.' No le hagas daño a nada; conserva siempre en tu propio corazón el amor mismo de Dios por todas

Sus creaciones, y de esa manera ningún daño te sobrevendrá. Venera a tus semejantes y a todas las criaturas del corazón. Busca a Dios para tener sabiduría, comprensión y guía. Dios te lo dará todo, cuando tu corazón esté cansado, herido y agotado.

"No hay carga que sea demasiado grande para Dios. Recibe todo lo que Ello te dé con la gracia más total de tu corazón, y nunca sientas que estás sin Ello. La gracia y la misericordia de Dios se derramarán sobre ti cada momento del día y de la noche. Ello te cuidará como el pastor cuida a todas horas a su rebaño.

"Mi instrucción contigo ha terminado por el momento, y solamente te guiaré en Espíritu mientras estés en este mundo.

"Sólo tengo una última cosa que decirte. Se trata de algo que debe quedar grabado para siempre en tu mente, hasta que nos volvamos a encontrar. Y no te alarmes, porque volveremos a encontrarnos dentro de un año a partir de este día, en el mismo lugar donde estamos ahora.

"Quiero revelarte el enigma de Dios. Hacerlo es sumamente importante. Escucha con atención y comprende. Éste es el enigma de Dios.

"Dios es lo que tú crees que Ello es. Ningún ser

humano está equivocado en cuanto a la existencia de Dios y, sin embargo, ningún ser humano está en lo correcto respecto de su conocimiento de Dios. No hay misterio en Dios, salvo que Ello es lo que cada Alma cree que es. Así que ése es el enigma. Pero todos los hombres habrán de pelearse y discutir sobre la grandeza de Dios y sobre su propio conocimiento de Él.

"Aun así, cada hombre está en lo correcto en cuanto a su conocimiento de Dios. Pero, ¿significa esto que el borracho tiene tanta razón como el gran sacerdote que predica desde el púlpito? Sí, y te digo que él, el borracho, está en el camino tanto como el predicador está en su púlpito. Oh, pero esto se justifica en tu pensamiento. Cada uno está en su propio lugar, de acuerdo a su comprensión. Ah, pero he ahí la respuesta.

"Si el borracho busca a Dios a través de su botella, y parece irreverente que se hable de ambos al mismo tiempo, pues que así sea. Pero lo que quiero decirte es que la búsqueda de la felicidad, ya sea en un plano material o en un plano espiritual, es la búsqueda de Dios. El ideal del borracho es emborracharse y volverse inconsciente para olvidarlo todo y habitar dentro de sí en un estado de felicidad. El buscador de Dios desea volverse inconsciente en un estado de silencio interior, para olvidarlo todo y habitar igualmente en un estado de felicidad interna. ¿Cuál es la diferencia?

"Ninguna, te digo, porque tal vez el borracho esté más cerca de Dios que el buscador de Dios, quien con toda su intensidad por el Sugmad, podría estarlo alejando. Por otro lado, en su ebriedad, el borracho se olvidará de sí mismo, de su egoísmo, de su falso yo y, al ocurrir esto, podría ser que la misericordia de Dios le fuera otorgada, y he aquí que llega la iluminación.

"Sólo dos cosas comparten el buscador y el borracho. Ambos deben estar interesados en lo que buscan, ya sea esto Dios o un interés egoísta. Ambos deben haberse concentrado en lo que están buscando y, al encontrarlo, deben creer en ello.

"La única diferencia, por lo general, estriba en la pureza de carácter y en los ideales. Pero ¿quién sabe lo que tu prójimo guarda en el corazón, a menos que su lengua o sus actos lo revelen? Éste es el enigma de Dios. Dios acudirá a todo aquel que lo necesite, independientemente de cuál pueda ser el carácter o los ideales del necesitado.

"¡Éste es el enigma de Dios!

"Ahora, hasta pronto, ¡y apresúrate a llegar a casa!", dijo el tibetano, abrazando al buscador con sus grandes brazos. "Espero verte otra vez, ¡cuando los brotes de abril impregnen de nuevo el aire cerca del río Jhelum!"

El buscador se dio la vuelta y se alejó en la distancia, mientras que Rebazar lo seguía con la mirada, hasta que lo vio desaparecer tras un pequeño monte. Entonces, el tibetano tomó un puñado de arroz y lo tiró al agua. Mientras los peces lo mordisqueaban, él miró hacia abajo y habló.

"Que así sea el camino de Dios, pequeños hermanos, que así sea el camino de Dios. ¡En Su mundo todo está bien con vosotros, con vuestros hermanos y conmigo!"

Baraka Bashad.

Que las bendiciones sean.

Glosario

Las palabras en MAYÚSCULAS PEQUEÑAS aparecen definidas en otra parte de este glosario.

ALMA. El Verdadero Ser. La parte interior, y la más sagrada, de cada persona. El Alma existe desde antes del nacimiento, y continúa viviendo después de la muerte del cuerpo físico. Como una chispa de Dios, el Alma puede ver, saber y percibir todas las cosas. Es el centro creativo de Su propio mundo.

AUTORREALIZACIÓN. El reconocimiento del ALMA. La entrada del Alma en el Plano del Alma y el contemplarse ahí como Espíritu puro. Un estado de ver, saber y ser.

CHELA. Un estudiante espiritual.

ECK. La Fuerza de la Vida, el Espíritu Santo, la Corriente Audible de la Vida que sustenta a toda la vida.

ECKANKAR. La Religión de la Luz y el Sonido de Dios. Una religión verdaderamente espiritual para el individuo de los tiempos modernos, conocida como el camino secreto hacia Dios a través de los sueños y el VIAJE DEL ALMA. Estas enseñanzas ofrecen una estructura para que cualquiera pueda explorar sus propias experiencias espirituales. Fue establecida por Paul Twitchell, quien la trajo a los tiempos modernos en 1965.

EJERCICIOS ESPIRITUALES DE ECK. La práctica diaria de algunas técnicas para ponernos en contacto con la Luz y el Sonido de Dios.

HU. El nombre más antiguo y secreto de Dios. Se considera que el canto de la palabra HU [se pronuncia *jiu*] es una canción de amor a Dios. Se canta durante el Servicio Espiritual de ECK.

Maestros de ECK. Maestros Espirituales que pueden ayudar y proteger a la gente en sus estudios y viajes espirituales. Los Maestros de ECK provienen de un largo linaje de Almas que alcanzaron la Realización de Dios y que conocen la responsabilidad que acompaña a la libertad espiritual.

Maestro Viviente de ECK. Título del líder espiritual de Eckankar. Su deber es guiar a las Almas de regreso a Dios. El Maestro Viviente de ECK puede ayudar físicamente a los estudiantes espirituales en su papel como Maestro Exterior, durante el estado del sueño como el Maestro de los Sueños, y en los mundos espirituales como el Maestro Interior. Sri Harold Klemp es el actual Mahanta, el Maestro Viviente de ECK desde 1981.

Mahanta. Título para describir el estado más elevado de la Conciencia de Dios sobre la tierra, con frecuencia encarnada en el Maestro Viviente de ECK. Él es la Palabra Viva.

Planos. Los distintos niveles del cielo, tales como el Astral, el Causal, el Mental, el Etérico y el del Alma.

Rebazar Tarzs. *RI-ba-zar TARS* Aquel que porta la antorcha de Eckankar en los mundos inferiores; el instructor espiritual de muchos del los Maestros de ECK, incluyendo a Paul Twitchell, a quien le entregó el Cetro de Poder de ECK en 1965; Rebazar Tarzs se les aparece a muchas personas puesto que él ayuda al actual Maestro Viviente de ECK en las obras de Eckankar. Sirvió como el Mahanta, el Maestro Viviente de ECK.

Sat-Gurú. El hijo de Dios; aquel que es responsable directamente ante la Deidad suprema; la principal autoridad espiritual que habla por Dios en cada plano a través de todos los universos, desde el más bajo y negativo hasta el más elevado espiritualmente; el Dador de Luz; el maestro superior de las obras espirituales. Ver también MAESTRO VIVIENTE DE ECK; MAHANTA.

REALIZACIÓN DE DIOS. El estado de la Conciencia de Dios. Percepción completa y consciente de Dios.

SATSANG. Una clase en la cual los estudiantes de ECK estudian una lección mensual de ECKANKAR.

EL SONIDO Y LA LUZ DE ECK. El Espíritu Santo. Los dos aspectos a través de los cuales Dios se manifiesta en los mundos inferiores. La gente puede experimentarlos mirando y escuchando dentro de sí misma y mediante el VIAJE DEL ALMA.

SRI. Un título que demuestra respeto espiritual, similar a reverendo o pastor; se usa para referirse a aquellos que han alcanzado el reino de Dios.

SUGMAD. Un nombre sagrado de Dios. Sugmad no es ni masculino ni femenino; Ello es la fuente de donde proviene toda la vida.

VIAJE DEL ALMA. La expansión de la conciencia. La capacidad del Alma para trascender el cuerpo físico y viajar en los mundos espirituales de Dios. El MAESTRO VIVIENTE DE ECK es el único que puede enseñar cómo hacer el Viaje del Alma. Esto ayuda a la gente a desarrollarse espiritualmente, y puede proporcionar pruebas de la existencia de Dios y de la vida después de la muerte.

Cómo aprender más
acerca de ECKANKAR

¿Por qué eres tú tan importante para Dios como cualquier jefe de estado, sacerdote, ministro o santo que haya vivido jamás?

- ¿Conoces cuál es el propósito de Dios en tu vida?
- ¿Por qué parece tan impredecible la Voluntad de Dios?
- ¿Por qué hablas con Dios pero no practicas ninguna religión?

Eckankar puede mostrarte por qué el hecho de recibir atención especial de parte de Dios no es algo que dependa del azar ni que les esté reservado a los pocos santos que se conocen. En realidad, es para todos los individuos. Es para todo el que se abra al Espíritu Divino, a la Luz y al Sonido de Dios.

La gente quiere conocer los secretos de la vida y de la muerte. En respuesta a esta necesidad, Sri Harold Klemp, el actual líder espiritual de Eckankar, y Paul Twitchell, quien trajo estas enseñanzas al mundo moderno, han escrito varias series de discursos mensuales que dan a conocer los Ejercicios Espirituales de ECK, los cuales pueden conducir al Alma de manera directa hacia Dios.

Quienes desean estudiar Eckankar pueden recibir estos discursos que contienen instrucciones sencillas y claras para hacer los ejercicios espirituales.

La membresía en Eckankar incluye:

1. La oportunidad de alcanzar la sabiduría, la caridad y la libertad espiritual.
2. Doce discursos que incluyen información acerca del Alma, el significado espiritual de los sueños, las técnicas del Viaje del Alma y diversas maneras para establecer una relación personal con el Espíritu Divino. Tú puedes estudiarlos a solas en tu casa

203

o en una clase junto con otras personas.

3. El *Mystic World* [El Mundo Místico] es un boletín de noticias que se publica trimestralmente y que incluye una sección titulada Las Notas de Sabiduría y un artículo, ambos escritos por el Maestro Viviente de ECK, así como cartas y artículos de los estudiantes de Eckankar de todo el mundo. (Nota: El *Mystic World* llegará en inglés. Las ediciones en alemán, español, francés y sueco están disponibles mediante una subscripción por separado.)

4. Envíos especiales para mantenerte informado acerca de los diferentes seminarios y actividades de Eckankar en todo el mundo, sobre los nuevos materiales de estudio y algunas cosas más. (Nota: Con ciertas excepciones, la correspondencia de Eckankar normalmente será en inglés.)

5. La oportunidad de asistir a las clases de Satsang de ECK y a grupos de discusión con otras personas de tu comunidad.

6. Elegibilidad para recibir las iniciaciones de ECK.

7. Asistencia a ciertas reuniones que son sólo para miembros de Eckankar durante los seminarios de ECK.

Cómo recibir más información

Para solicitar tu membresía en Eckankar utilizando tu tarjeta de crédito (o para recibir un folleto gratuito acerca de la membresía), llama al (952) 380-2222 en días hábiles, entre las 8:00 y las 17:00 horas, hora central de E.U.A. O bien escribe a: Eckankar, Att: Information, PO Box 2000, Chanhassen, MN 55317-2000 USA.

También puedes visitar el sitio de Eckankar en la Red en www.eckankar.org (sólo en inglés al momento de esta edición).

Para continuar leyendo y estudiando

El arte espiritual de soñar
Harold Klemp

Los sueños son un tesoro. Un regalo de Dios. Harold Klemp muestra cómo encontrar el oro espiritual en un sueño y cómo experimentar el amor de Dios. Obtén comprensiones interiores del pasado y del futuro, aumenta tu confianza y toma decisiones sobre tu carrera y tus finanzas. Haz esto desde una perspectiva única: reconociendo la naturaleza espiritual de tus sueños.

Los Ejercicios Espirituales de ECK
Harold Klemp

Este libro es una escalinata de 131 peldaños. Es una escalinata especial porque no tienes que subir todos los 131 peldaños para llegar a la cima. Cada peldaño es un ejercicio espiritual, una via para ayudarte a explorar tus mundos interiores. Y ¿qué te espera en la cima? La puerta de entrada a la libertad espiritual, la automaestría, la sabiduría y el amor.

El Corazón de Oro
Harold Klemp

Mediante relatos, puntos de vista inspiradores y sencillos ejercicios cotidianos, Harold Klemp, el líder espiritual de Eckankar, muestra cómo reconocer con claridad la relación entre la vida física y el ser espiritual.

ECKANKAR: una antigua sabiduría para hoy

Descubre cómo las vidas pasadas, los sueños y el Viaje del Alma te pueden ayudar a encontrar a Dios. Después de leer este libro tendrás una nueva perspectiva sobre la vida. La sabiduría intemporal de Eckankar puede ayudarte a comprenderte como Alma, un ser espiritual infinito. Practica sencillos ejercicios espirituales que te ayudarán a entrar en contacto con la Luz y el Sonido de Dios, para poder vivir una vida más plena y más feliz.

Es posible que estos y otros artículos estén disponibles en tu localidad o a través de las librerías por Internet. Para localizar un centro de Eckankar cercano a ti, busca en tu directorio telefónico bajo el rubro de **Eckankar. O llama al (952) 380-2222** (sólo en inglés) en dias hábiles de 8 a.m. a 5 p.m., hora del centro de E.U.A. También puedes enviar un fax a Eckankar al (952) 380-2196 las 24 horas, los siete días de la semana. O escribe a: **Eckankar: Att: Information, PO Box 2000, Chanhassen, MN 55317-2000 USA.**

Probablemente exista un grupo de estudio de Eckankar cerca de ti

Eckankar ofrece una variedad de actividades locales e internacionales para el buscador espiritual. Con cientos de grupos de estudio alrededor del mundo, ¡Eckankar está cerca de ti! En muchas regiones existen centros de Eckankar donde podrás hojear los libros en un ambiente tranquilo y sin presiones, o hablar con otras personas que comparten tu interés en esta antigua enseñanza, y asistir a grupos de discusión introductorios sobre cómo alcanzar los atributos del Alma: la sabiduría, el poder, el amor y la libertad.

Alrededor del mundo, los grupos de estudio de Eckankar ofrecen seminarios especiales de un día o un fin de semana de duración acerca de las enseñanzas básicas de Eckankar. Visita el sitio de Eckankar en la Red en www.eckankar.org (sólo en inglés al momento de esta edición.) Consulta tu directorio telefónico bajo el rubro de **Eckankar**, o llama al teléfono **(952) 380-2222** (sólo en inglés) para recibir más información sobre la membresía o sobre el centro de Eckankar o el grupo de discusión más cercano a ti. O escribe a Eckankar, Att: Information, PO Box 2000, Chanhassen, MN 55317-2000 USA.

☐ Por favor, envíenme información sobre el grupo de discusión de Eckankar más cercano.

☐ Por favor, envíenme más información acerca de la membresía en Eckankar, la cual incluye un curso de doce meses sobre el estudio espiritual de los sueños.

Favor de escribir claramente o a máquina   943

Nombre_____
         (primer nombre)   (apellido paterno)

Calle _____ Colonia_____

Ciudad_____ Estado/Provincia_____

Código/Zona postal _____ País _____

Acerca del autor

En 1965, Paul Twitchell dio a conocer Eckankar en el mundo moderno. Él separó las verdades espirituales de las envolturas culturales que las habían cubierto. Las personas comunes y corrientes pueden empezar a experimentar la Luz y el Sonido de Dios mientras viven vidas felices, estables y productivas.

Nacido en Kentucky en la primera parte del siglo XX, Paul Twitchell sirvió en la Marina de los Estados Unidos durante la Segunda Guerra Mundial.

Paul fue un buscador desde muy temprana edad, hasta que conoció a un grupo de Maestros espirituales que cambiarían el curso de su vida. Éstos son los Maestros Vairagi de ECK. Mientras entrenaban a Paul para que llegara a ser el Maestro Viviente de ECK, éste exploró una amplia gama de tradiciones bajo muchos instructores. Las elevadas enseñanzas de ECK se encontraban diseminadas por las cuatro esquinas del mundo. Paul reunió estas enseñanzas doradas de la Luz y el Sonido de Dios y las puso a nuestro alcance.

Son estas experiencias divinas las que narra en su libro *El colmillo del tigre*. Eventualmente, Paul Twitchell se unió a la Orden Vairagi y se le encomendó la tarea de llevar Eckankar al mundo. Se convirtió en el Maestro Viviente de ECK.

Para 1965, Paul impartía talleres sobre Viaje del Alma en California, y Eckankar empezó a crecer. Paul Twitchell murió en 1971, después de haber iniciado a muchas personas en las enseñanzas de ECK.

El actual Maestro Viviente de ECK es Sri Harold Klemp. Él sigue los pasos de Paul Twitchell, dándole nueva vida a estas antiguas enseñanzas espirituales de ECK.